Sophie Pannitschka

Mitspieler werden. Parzivâls Weg - vom Mittelalter in die Postmoderne.

Sophie Pannitschka

Mitspieler werden. Parziváls Weg - vom Mittelalter in die Postmoderne.

Identitätsentfaltung im „Roten Ritter" von Adolf Muschg

Tectum Verlag

Sophie Pannitschka

Mitspieler werden. Parzivâls Weg - vom Mittelalter in die Postmoderne.
Identitätsentfaltung im „Roten Ritter" von Adolf Muschg

ISBN: 978-3-8288-9769-4

Umschlagabbildung: Jaak Hillen

Besuchen Sie uns im Internet
www.tectum-verlag.de

Bibliografische Informationen der Deutschen Nationalbibliothek
Die Deutsche Nationalbibliothek verzeichnet diese Publikation in der Deutschen Nationalbibliografie; detaillierte bibliografische Angaben sind im Internet über http://dnb.ddb.de abrufbar.

Meinem Schicksalsnetzwerk

Inhaltsverzeichnis

Seite

Vorwort

Zwei Bücher und zwei Menschen

Ich freue mich meine Magisterarbeit zu publizieren, denn dadurch wird der wissenschaftliche Diskurs über den Untersuchungsgegenstand erweitert. Meine Arbeit ist ein Buch über ein Buch, so wie das bei literaturwissenschaftlichen Arbeiten üblich ist. Aber hinter den beiden Büchern stehen Menschen, konkrete Individuen. Hinter dem großen Roman „Der Rote Ritter“ Adolf Muschg und hinter der vorliegenden Arbeit meine Wenigkeit.

Was mir für mein germanistisches Unterfangen, diese Arbeit zu schreiben, zur Verfügung stand, ist literaturwissenschaftliches Handwerkszeug, das ich mit großer Dankbarkeit in den letzten Jahren von der Universität Tübingen entgegengenommen habe. Mit Bedacht habe ich mich mit diesen Werkzeugen dem großen Werk genähert und versucht, mit einem nachvollziehbaren Blick meine Beobachtungen und Untersuchungen zu beschreiben. Aber, auch wissenschaftliche Arbeiten zeugen von dem speziellen Blick des Autors, mit dem er auf den Untersuchungsgegenstand geschaut hat. Davon sollen Vor- und Nachwort zeugen.

Ein Anliegen war es mir, dass ich neben den geschriebenen Worten von Adolf Muschg, die den großen Roman bilden, und die ich wieder und wieder gelesen habe, auch seine gesprochenen höre, denn sie sind die Urquelle des geschriebenen Textes. Deshalb habe ich zu Beginn meiner Arbeit ein Treffen mit Adolf Muschg vereinbart. Ich wollte erleben, was für ein Mensch hinter den gedruckten Worten des großen Romans steht. Aus dieser Begegnung ist ein kleiner Text entstanden, den ich Prolog nenne, denn er war der Auftakt zu meiner intensiven, literaturwissenschaftlichen Beschäftigung mit dem „Roten Ritter“.

Auch wenn ich versucht habe, mich selber aus der Arbeit herauszuhalten, ist sie doch durch meine Person geprägt. Im Nachwort findet sich ein Text im gleichen Duktus, ein Epilog, den ich nach Beendigung meiner Arbeit geschrieben habe und der davon zeugt, was mich auf persönlicher Ebene beschäftigt hat.

Sophie Pannitschka, August 2008

Prolog: Eine Begegnung

Frankfurt. Ich stehe auf einem großen Platz vor einem Hotel. Die Sonne scheint herbstlich warm. Es ist noch vormittags, aber schon viel los hier. Taxis fahren vor, Menschen steigen aus und ein, es ist gleichzeitig Bewegung und Ruhe um mich herum. Ich warte. Und ich schaue mich um. Die Menschen sind alle beschäftigt. Wollen hierhin, dorthin, sind allein oder in Gruppen. Schick gekleidete Menschen. Menschen, die ihren Willen auf etwas gerichtet haben und etwas wollen. Hier hält sich niemand ohne Grund auf. Jeder scheint zu wissen, was er zu tun hat. Nebenan wurde die Buchmesse eröffnet. Das erklärt einiges: hier bewegen sich Geschäftsleute, Verleger, Autoren, Journalisten – Menschen, die mit dem geschriebenen Wort zu tun haben und die an diesem Vormittag alle etwas erreichen wollen.

Ich warte noch immer. Warte auf einen Autor, einen Schriftsteller. Jemanden, der ein großes Buch geschrieben hat und mit dem ich darüber sprechen will, weil ich meine Magisterarbeit über dieses Buch zu schreiben gedenke. Die geschriebenen Worte des Buches kenne ich. Jetzt möchte ich den Autor sehen, ihn sprechen hören. Und da kommen sie. Zwei richtige Herren. Ein Verleger und ein Autor. Ich laufe auf sie zu, da ich sie sofort erkenne. Wir begrüßen uns. Freundlich, herzlich. Nachdem einige allgemeine Dinge gesagt sind und der Verleger seine Vermittlerrolle erfüllt hat, gehen der Autor und ich in die Hotelhalle. Hier ist alles auf Service und Bequemlichkeit eingerichtet. Ein geschäftiges Hin und Her und gleichzeitig Ruhe. Man hat Zeit. Niemand hat hier Eile. Jedem geht es gut. Es sind viele Menschen da. Wir bekommen die letzten Plätze. Riesige, schwarze Ledersessel. Wir sitzen in einem öffentlichen Wohnzimmer. Es wird geredet, gelacht, geschwiegen, organisiert, auf etwas oder jemanden gewartet und nicht geraucht. Auch das ist in der Hessen-Metropole jetzt verboten. Aber einen Kaffee bekommen wir serviert.

Adolf Muschg und ich beginnen zu reden. Wir reden über sein Buch „Der Rote Ritter“. Innerhalb kürzester Zeit werden die literarischen Figuren lebendig. Sie bevölkern die Hotelhalle und gehen aus und ein, wie die Menschen um uns herum. Alle sind sie da. Wir sprechen über Parzivâl, den Dümmling, der einen Weg geht, auf dem ihm viele Erfahrungen möglich, not-wendend werden. Wir reden über jemanden, der ein exemplarisches Leben er-fährt und dem wir es alle nachzutun haben. Über Sigûne, die in ihrem großen Leid über den Tod ihres Geliebten Schiônatulander immer wieder zur wichtigen Anlaufstation für Parzivâl wird. Über Condwîr amûrs, Trevrizent, Orgelûse, Gâwân und wie sie nicht alle heißen. Die vielen Figuren, die das Netzwerk um Parzivâl bilden, sie werden lebendiger als die Menschen um uns herum. Die großen Augen Adolf Muschgs schauen oft seitwärts nach oben, als wenn er das Parzivâl-Geschehen von dort oben mit seiner warmen, tiefen Stimme zitiert, herunter bittet, die Figuren einlädt sich zu uns in die Hotelhalle zu gesellen. Und sie kommen alle - Figuren, Geschehnisse, Umstände und Abläufe.

Adolf Muschg ist mit den Charakteren vertraut, steht mit ihnen auf du und du – so, wie auch ich zu ahnen beginne, dass sie mir näher stehen, als ich zunächst dachte. Er heißt sie aufzustehen, einzutreten und sich zu zeigen. Er hat sie so präsent, als wenn er mitten in der Arbeit wäre. Dabei liegt die Publikation des Buches vierzehn Jahre zurück. Er sitzt mir gegenüber, in dunkler Hose und dunklem Hemd und spricht warm über die Helden Wolframs und seine eigene Art, sich des Geschehens anzunehmen und die Figuren zu zeichnen. Feirefîz steht plötzlich neben uns, als er die Schönheit von Repanse de Schoye erkennt, nicht aber sieht, was andere für den Gral halten. Orgelûse kommt vorbei, die einzige Frau, von der man sagen kann, dass sie sich entwickelt, obwohl sie wie eine Hexe erscheint, und das Schicksal von Herzeloyde ist noch immer beklagenswert.

Was mir in Adolf Muschg entgegenkommt ist nicht nur Kompetenz, mittelalterliche, literarische Kompetenz, sondern vor allem Hingabe. Hingabe an das Leben, kompetente Lebens-Hingabe – wenn es so etwas gibt. Auch sein, wie unser aller Leben, ist mit dem Parzivâls verknüpft – und daraus macht er keinen Hehl. Es gibt kein besser und kein schlechter. Wir alle müssen Laufen lernen. Aber es gibt einen Weg für jeden von uns. Das einzige, was wir tun müssen ist, diesen Weg zu gehen, ihn anzunehmen. Eine literarische Figur unterscheidet sich von uns allen - die wir da in der Hotelhalle sitzen, Menschen aus Fleisch und Blut - nicht. Keineswegs! Das macht unser Gespräch deutlich. Parzivâl geht seinen Lebensweg exemplarisch für uns. Und das bereits vor 800 Jahren. Erstaunlich eigentlich – diese Tatsache. Sind wir noch immer nicht weitergekommen? Parzivâl ist uns nah wie unser Nachbar, wenn wir ihn an unserem Leben teilnehmen lassen. Adolf Muschg erzählt mir, dass er manchmal, je treuer er Wolframs Version nacherzählen wollte, abweichen musste, Ergänzungen einzufügen hatte.

Das Gespräch zwischen Adolf Muschg und mir ist lebendig, schnell und ohne Umschweife. Schon ist die Zeit vorbei und eine zierliche Asiatin lässt sich in der Hotelhalle sehen. Mir fällt sie kaum auf, da ich noch zu sehr in Munsalvaesche oder auch Schastel marveile bin, aber Adolf Muschg ist sie wichtig. Es ist seine Frau und unser Gespräch wird beendet. Wir tauschen Adressen aus und verabschieden uns. Adolf Muschg freut sich auf das, was ich über Parzivâl schreiben werde. Nun gibt es kein Warten mehr - jetzt heißt es für mich anzufangen. Die Tür zum Figureninventar jedenfalls steht weit offen. Parzivâl ist da – mit seinem ganzen Personal. Seinem Weg, seiner Tragik und auch seinem großen Glück. Das mittelalterliche Geschehen verschränkt sich mit der Gegenwart. Draußen auf dem Hotelvorplatz scheint noch immer die Sonne. So, als wenn nichts geschehen wäre. Als wenn sich nicht gezeigt hätte, dass Zeit und Raum ineinander fallen, wenn es jemanden gibt, der die Kraft hat, das, was über das reale Leben zu sagen ist, literarisch zu formulieren. Die Zeit ist reif, dass sich Mittelalter und Postmoderne begegnen können - zumindest auf dem Papier, in meiner Magisterarbeit.

Oktober 2007

Teil I - Thematische Eingrenzung

Einleitung

„Ich glaube nicht mehr, dass die Menschen dafür gemacht sind, erlöst zu werden, erwidert Parzivâl. – Sie sind dazu erschaffen, lebendig zu sein und immer noch zu werden, bis der Tod sie reif genug findet für seine Ernte. [...] Gott versucht sein Spiel mit uns. Er will wissen, ob wir als Mitspieler in Frage kommen, und diese Neugier Gottes ist der Stoff, aus dem unsere Erfahrungen sich machen.“[1] (983/984)

Schon oft ist die mittelalterliche Parzivalfigur, die Wolfram von Eschenbach in seinem großen Epos dargestellt und entfaltet hat,[2] untersucht, charakterisiert und interpretiert worden. Schwerpunkt solcher Untersuchungen ist immer wieder die sogenannte Sinn- und Wegsuche des Protagonisten, der sich langsam, Fehler um Fehler machend, soweit entwickelt, dass er schließlich vom Dümmling zum Gralskönig avanciert.

Auch der Roman „Der Rote Ritter“ von Adolf Muschg lädt dazu ein, eine solche Untersuchung zu machen und herauszuarbeiten, welche inneren und äußeren Stationen der Protagonist bei ihm durchläuft, die ihm schließlich dazu verhelfen, seinen Weg tatsächlich zu gehen. Die Erzählung Muschgs weicht in dieser Hinsicht nämlich in bedeutenden Nuancen von seiner mittelalterlichen Vorlage ab und setzt neue Akzente. Diese Akzentverschiebung lässt sich mitunter daran festmachen, dass im „Roten Ritter“ die lange Zeitspanne von fast achthundert Jahren, die zwischen der Erzählung Wolframs und Muschgs liegt,[3] auf einer subtilen Ebene thematisiert wird. Hauptmerkmal ist in dieser Hinsicht die Ausgestaltung der Innenperspektive der Figuren, die in einem Beziehungsgeflecht um den Protagonisten Parzivâl stehen. Dieser Tatbestand bietet sich an, eine Untersuchung der Muschg'schen Version mit Blick auf den Entwicklungsweg des Protagonisten Parzivâl zu wagen und herauszuarbeiten, welchen Anteil einzelne Figuren[4] sowie das gesamte Figurennetzwerk an seinem Werdegang haben und was das Ziel dieses langen Entwicklungsweges ist - denn schließlich

---

1 Muschg, Adolf: *Der Rote Ritter. Eine Geschichte von Parzivâl.* Suhrkamp Verlag, Frankfurt, 1993. Im Folgenden mit ‚Roter Ritter' bzw. ‚RR' abgekürzt. Zitate werden direkt durch Seitenangaben in Klammern angegeben.

2 Wolfram von Eschenbach: *Parzival.* Text und Übersetzung. Studienausgabe. Walter de Gruyter, Berlin, 2003, 2. Auflage. Im Folgenden werden Zitate durch Versangaben mit der Bezeichnung ‚PZ' direkt in Klammern angegeben.

3 Wolframs „Parzival“ wurde zu Beginn des 13. Jahrhunderts verfasst, Muschgs Erzählung wurde Ende des 20. Jahrhunderts publiziert (1993).

4 Wenn nicht anders angegeben, so handelt es sich bei den folgenden Figurenbetrachtungen und -analysen grundsätzlich um das Muschg'sche Figureninventar. Die mittelhochdeutsche Schreibweise der Namen ist dem „Roten Ritter“ entnommen. Wenn von Wolframs Figuren oder den Figuren im Allgemeinen die Rede ist, wird das durch die Schreibweise (ohne Zirkumflex) deutlich gemacht.

geht Muschgs Parzivâl in gewisser Weise sogar über den Status Gralskönig zu werden hinaus.

Gegenstand der vorliegenden Arbeit ist somit die Untersuchung des Romans in Bezug auf die engere Figurenkonstellation um den Protagonisten Parzivâl. Die Blickrichtung ist dabei auf die Entfaltung seiner Individualität gerichtet, die möglicherweise durch Charakter und Handlungsweisen innerhalb des auftretenden Figureninventars und ihrer entsprechenden Welten mitbestimmt wird. Adolf Muschg bemüht nicht weniger als einhundertdreiunddreißig Figuren[5] in der komplexen Handlung aufzutreten, einundzwanzig von ihnen agieren in der unmittelbaren Umgebung des Protagonisten und können zu seinem engeren Kreis gezählt werden - diese Figuren werden analysiert. Richtmaß für die Auswahl der Figuren sind personale Berührungsmomente im Handlungsgeschehen, Verwandtschaft, Auseinandersetzungen (auf verschiedenen Ebenen) sowie Gespräche.

Innerhalb der Welt, die den Intentions- und Agitationsschauplatz für das Geschehen bietet, mit all den konkreten Figuren, Orten und Handlungszusammenhängen gibt es auch kleinere, regionale oder auf einen gesellschaftlichen Status bezogene Welten, die die Entwicklung jedes Individuums beeinflussen und mitgestalten. Im vorliegenden Roman hat das Figureninventar hauptsächlich mit Vorstellungen, Werten, Handlungen und Handlungsweisen bestimmter Charaktere zu tun. Daher liegt der Fokus der Fragestellung in dieser Untersuchung auf dem Verhältnis zwischen Individuum und der es umgebenden Welt(en). Zu untersuchen ist, ob dem Figurennetzwerk, denn darin zeigen sich die verschiedenen Welten in Bezug auf den Protagonisten, eine Schlüsselfunktion für seine Entwicklung zukommt. Welche Rolle spielt das Netzwerk als Ganzes und welche Funktion kann den einzelnen Figuren zugeschrieben werden? Jede der zu besprechenden Figuren agiert innerhalb des Handlungszusammenhangs aus einer bestimmten, persönlichen Welt heraus - nämlich, allgemein gesehen, aus dem ritterlichen Mittelalter, aber insbesondere aus den Normen und Werten der Grals- und Artuswelt. Diese Welten verschränken sich qua Geburt in Parzivâl miteinander,[6] müssen jedoch zuerst aktiv von ihm erlebt und erfahren werden, bevor er eine eigene Stellung dazu beziehen kann. Ursula Stenger stellt in der Einleitung ihrer Dissertation folgende Behauptung auf: „Mensch und Welt gibt es nicht, sie gehen jeweils als ein Prozeßgeschehen auseinander

[5] Siehe: Namensregister im RR, S. 995 f.

[6] Parzivâls Mutter Herzeloyde gehört dem Gralsgeschlecht an und sein Vater Gahmuret zählt zu den Artusrittern.

hervor."[7] Obgleich es sich in ihrem Fall um eine pädagogische Untersuchung handelt, möchte ich ihre These auf die Figurenkonstellation im „Roten Ritter" beziehen und untersuchen, in welchem Verhältnis das Individuum, in diesem Fall der Protagonist Parzivâl, und die Welt, nämlich das genannte engere Figurennetzwerk, zueinander stehen, aufeinander angewiesen sind oder sogar auseinander hervorgehen. Inwiefern findet ein Individualisierungsprozess des Muschg'schen Protagonisten innerhalb dieses Netzwerkes statt, ist dieser Prozess transparent zu machen und was lässt sich gegebenenfalls daran ablesen? Wie verhalten sich Individuum und Welt zueinander? Welchen Beitrag leistet die Welt an Parzivâls Entwicklungsweg? Oder auch umgekehrt: Welchen Beitrag leistet Parzivâl an die Welt? Zu analysieren wird also sein, wie im „Roten Ritter" Begegnungen stattfinden und welche Rolle den einzelnen Figuren auf dem Weg des Protagonisten zugewiesen werden kann, da, wie bereits erwähnt, nicht nur spezifische Figuren aufeinander treffen, sondern mit diesen auch ihre Welten. Evident ist, dass sich der Weg einer literarischen Figur und somit die Entwicklung und Entfaltung einer Individualität, im Romangeschehen nicht in einem luftleeren Raum vollzieht, sondern innerhalb eines bestimmten sozialen Milieus, eines Netzwerkes, in denen gesellschaftliche Normen und Werte gelten, eben innerhalb einer definierten, beschreibbaren Welt. Schon an dieser Stelle wird sichtbar, wie unscharf die Ränder der verschiedenen Kategorien in dieser Hinsicht sind, denn, lassen sich Welt(en) und Individuum überhaupt getrennt voneinander betrachten?

Um Teilhaber einer Welt zu werden, d.h. um einen eigenen Standpunkt zu entwickeln, eine Rolle einzunehmen, ist es nötig, eine aktive und bewusste Position zu beziehen. Wenn der Leser ein Viertel des Romans gelesen hat, ist Parzivâl zwar bereits geboren, aber sein eigener Weg beginnt erst. Zu Beginn des Romans findet also eine weitläufige Einführung in die Welt statt, in die Parzivâl hineingeboren wird, die Vorgeschichte der Eltern wird ausführlich präsentiert, sowie weitere wichtige Figuren- und Handlungszusammenhänge dargestellt. Deutlich ist, dass schon zu Beginn des Lebensweges Welt und individuelle Bedürfnisse für Parzivâl in ein Spannungsverhältnis zueinander treten - das kontrastreiche Familienschicksal muss sich in ein Individualschicksal verwandeln - und es sind viele Erfahrungen nötig, bevor sie ineinander aufgehen. Im Wesentlichen sind es die Figuren um den Protagonisten herum, die ihm zur Prüfung, Erfahrung und Reifung verhelfen.

[7] Stenger, Ursula: Schöpferische Prozesse. Phänomenologisch-anthropologische Analysen und Impulse der Reggiopädagogik. Inaugural-Dissertation zur Erlangung der Doktorwürde der Philosophischen Fakultät III der Julius-Maximilians Universität zu Würzburg. Würzburg, 2000. S. 4.

Zusätzlich zur Figurenanalyse, die immer die Identitätsentfaltung des Protagonisten im Blick hat, werden verschiedene identitätskonstituierende Elemente dargestellt, die einen weiteren Beitrag zur Fragestellung leisten. Zum Beispiel spielen Lese- und Schreibfähigkeiten für einige Figuren im „Roten Ritter“ eine besondere Rolle und erweisen sich für mehrere von ihnen als Bewusstseins- und Erkenntnismöglichkeiten. Hinzu kommen Motivverschränkungen auf Figuren- und Handlungsebene sowie die Darstellung der speziellen Funktion des Erzählens innerhalb des Romans. Aufschlussreich für die Untersuchung ist, wie immer in literarischen Arbeiten, der Blick auf die Erzählinstanz des Geschehens:
Adolf Muschg präsentiert seine Parzivâlgeschichte, die Fabel, die auf das Epos von Wolfram von Eschenbach zurückgeht und mit der er spielt, im Wesentlichen durch drei Eier. Darzustellen wird auch sein, welche Rolle das Erzählverfahren für den Handlungszusammenhang und die Identitätsentfaltung des Protagonisten spielt.

Auf einen inhaltlichen oder „übersetzungstechnischen“ Vergleich[8] mit der „Vorlage“ des „Roten Ritters“, dem „Parzival“ von Wolfram von Eschenbach, wird auf Grund der Dialogstruktur des postmodernen[9] Romans mit der mittelalterlichen Vorlage auf der Handlungsebene der Figuren und der Präsentationsebene der Erzählung weitestgehend verzichtet und lediglich an für diese Arbeit relevanten Stellen in Bezug auf die Figurenzeichnung vorgenommen.

---

8 Einen guten Überblick über diese Frage bietet: Carla Carnevale: Gesellenstück und Meisterwerk. Adolf Muschgs Roman *Der Rote Ritter* zwischen Auserzählung und Neuschöpfung des *Parzival.*

9 Der literaturwissenschaftlich problematisch ein- und abzugrenzende Begriff ‚postmodern' bezieht sich in dieser Arbeit zunächst auf den Zeitpunkt des Niederschreibens der Erzählung Muschgs. Der „Rote Ritter“ ist in der ‚Epoche' - dem Zeitraum - der Post-Moderne entstanden und publiziert worden. In Bezug auf die literaturtheoretische Verwendung und Bedeutung des Begriffs, siehe das Kapitel über die Erzählinstanz ab Seite 102.

Bezüge: „Parzival“ und „Der Rote Ritter“

Der mittelalterliche Patron und ein postmoderner Autor

Das mittelhochdeutsche Epos „Parzival“ sowie das Fragment „Titurel“[10] von Wolfram von Eschenbach, der die beiden Werke um 1210[11] verfasst hat, liefern dem Roman „Der Rote Ritter“ von Adolf Muschg die inhaltliche und strukturelle Provenienz. Der postmoderne Gegenwartsautor hat sich offensichtlich von den mittelhochdeutschen Erzählungen inspirieren lassen, um „seinen“, oder auch „einen“, Parzivâl zu schreiben – wie es im Untertitel heißt.[12] Sein Werk ist voller intertextueller Bezüge, die auf verschiedenen Ebenen sichtbar werden. Leitmotivisch ist der Roman auf poetologischer Ebene von einem Dialog zwischen Wolfram und Muschg durchzogen. Obgleich nahezu alle Figuren, Handlungszusammenhänge und Motive - mitunter sogar wörtliche Übersetzungen aus dem Mittelhochdeutschen - des Wolfram'schen Epos übernommen wurden, lassen sich Änderungen, Neuschöpfungen, „Auserzählungen“, Einfügungen und vor allem Anspielungen jeglicher Art entdecken. Muschg ist nicht der erste Autor, der sich von dem Parzivalgeschehen inspirieren lässt. Selbst die Version Wolframs von Eschenbach geht auf eine altfranzösische Vorlage, den „Conte du Graal“ des Chrétien de Troyes zurück, die zwischen 1135 und 1190 entstanden ist. Nach Richard Wagners Oper „Parsifal“ (1882), haben sich im 20. Jahrhundert vornehmlich Dieter Kühn mit einer eigenwilligen Neuübersetzung bzw. Nachdichtung „Der Parzival des Wolfram von Eschenbach“ (1986) hervorgetan, der Österreicher Peter Handke mit „Das Spiel vom Fragen oder die Reise zum sonoren Land“ (1989), der ostdeutsche Autor Christoph Hein mit „Die Ritter der Tafelrunde. Eine Komödie.“ (1989) und der westdeutsche Tankred Dorst mit „Parzival. Ein Szenarium“ (1990).[13]

---

10 Wolfram von Eschenbach: *Titurel.* Text, Übersetzung, Stellenkommentar. Walter de Gruyter, Berlin, 2003. Den „Titurel“ hat Wolfram von Eschenbach zeitlich zwar nach dem „Parzival“ geschrieben, er kann jedoch „als eine nachträgliche Vorgeschichte zu den vier Sigune-Szenen im ›Parzival‹ gelesen werden.“ Joachim Bumke, S. 417. Muschg hat die gesamte Handlung des „Titurel“-Fragments um Sigune und Schionatulander in seinen „Roten Ritter“ eingearbeitet und eröffnet ihn damit auch.

11 Vgl. Joachim Bumke, S. 21: „Die herkömmliche Datierung des ›Parzival‹ auf die Jahre 1200-1210 dürfte das Richtige treffen.“ Sowie: „Für den ›Titurel‹ ist [...] zu entnehmen, dass die Fragmente nach 1217 [...] gedichtet sind.“

12 Der Untertitel heißt: „Eine Geschichte von Parzivâl.“ Muschg erfüllt damit das, was auch schon Wolfram in seinem Text angekündigt hat, nämlich: „ein mære will i'u niuwen“ (PZ 4,9) - eine Geschichte *neu* erzählen.

13 Die vermutlich vollständigste Aufstellung der Parzival-Rezeption im ausgehenden 20. Jahrhundert liefert der Artikel von Sabine Obermaier aus dem Jahr 2000.

Neu ist bei Muschg, dem Schweizer, dass er für seinen Roman nicht einen Aspekt aus dem Handlungsgeschehen herausgreift, sondern Wolframs Epos inhaltlich vollständig einarbeitet und der mittelalterlichen Provenienz somit handlungstechnisch treu bleibt, obgleich sein Roman auch eigene Akzente setzt. Nahezu achthundert Jahre trennen die beiden Dichter. Viele der Entwicklungen, die es in der benannten Zeitspanne gegeben hat, und die vornehmlich die innere Erlebnisfähigkeit des Menschen betreffen, sind im „Roten Ritter" auf subtile und feinfühlige Art und Weise in die Erzählung integriert worden. Durch dieses Verfahren entfaltet Muschg mit Wolframs Text auf mehreren Ebenen einen Diskurs.[14] Er erzählt nicht nur die Geschichte, die wir von Wolfram kennen nach und ‚erklärt' sie uns, sondern er spannt einen Bogen durch die Zeit. Mittelalter und Neuzeit stehen sich einerseits gegenüber und andererseits wird nachvollziehbar, wie sie auseinander hervorgehen. Obwohl die Erzählung im Mittelalter spielt, wird der Leser nicht nur mit dem Rittertum dieser Zeit konfrontiert, sondern in gewisser Hinsicht mit der gesamten Entwicklung zwischen Mittelalter und Neuzeit - bis in die heutige Gegenwart. Das Diskurs- oder Gesprächsverhalten Muschgs lässt sich auf der literarischen Ebene strukturell und inhaltlich in mehreren Themengebieten innerhalb seines Romans darstellen und geht weit über die Ebene eines rein inhaltlichen Rekurses auf Wolframs Text hinaus. Die zeitliche Ebene ist schon genannt worden, hinzu kommt die sprachliche, die entwicklungspsychologische, die ethische Ebene und, in gewisser Weise auch die religiöse Ebene, die in unserer aufgeklärten, fast antireligiösen Zeit endet.

Um dem Leser einen Eindruck der wesentlichen Merkmale zu verschaffen, soll zunächst auf folgende Aspekte verwiesen werden, die in der Muschg'schen Version signifikant hervortreten: Während Wolfram von Eschenbach sein Epos in 24 810 gereimten Versen vorlegt, schreibt Muschg sein *„opus magnum*"[15] als Prosaroman, der in vier Bücher mit je fünfundzwanzig Kapiteln eingeteilt ist und insgesamt nahezu eintausend Seiten vorweist.

> „Muschg folgt dem äußeren Handlungsverlauf scheinbar sehr genau, aber er gewichtet anders: Vorgeschichte, Kindheit, Parzivâls erster Weg zum Grâl, sein Verschwinden hinter die Gâwân-Geschichte erhalten mehr Raum, Nebenfiguren ihre eigene Ge-

---

[14] Der Begriff Diskurs wird in dieser Arbeit nicht im spezifisch Foucault'schen Sinne verwendet, sondern in seiner Bedeutung von „Erörterung", „bezugnehmende Abhandlung" „allgemeines Gespräch" oder „rekursive Stellungnahme."

[15] Adolf Muschg: „Herr, was fehlt euch? Zusprüche und Nachreden aus dem Hinterzimmer des heiligen Grals" Suhrkamp Verlag, Frankfurt, 1994. S. 48. Von nun an werden Zitate mit dem Kürzel ‚ZN' versehen und mit Seitenangaben in Klammern direkt angegeben.

schichte (Sigûne), neue Figuren und Handlungszüge kommen hinzu, und der Schluß nimmt eine überraschende Wendung: Der - endlich gefundene - Grâl hebt sich selbst auf, die Gralsburg Munsalvaesche verschwindet, Parzivâl und seine echten wie erworbenen Verwandten kehren heim."[16]

Der postmoderne Autor setzt Akzente und bekennt, dass die Vorlage ihn dort, wo er „ihr treu sein wollte, zur Abweichung verpflichtete - zu einem Eigensinn, der seine Figuren dafür ausrüstet, in einer anderen, nicht mehr Wolframs Welt, zu bestehen" (ZN 124). So kommt es zum Beispiel dazu, dass auf sprachlicher Ebene immer wieder Herkunft und Signatur verschiedener Figuren akzentuiert hervorgehoben werden: Es lassen sich mittelhochdeutsche Worte und Begriffe finden, alt- und neufranzösische, sowie Anglizismen. Der Zeitraum vom Mittelalter bis in die aktuelle Gegenwart wird somit auch auf sprachlicher Ebene thematisiert und zeigt sich zum Beispiel bis in die ‚Teenagersprache',[17] die zwischen Sigûne und Schiônatulander gesprochen wird und bis in das ‚Computer-Englisch',[18] das sich auf dem Grâl zeigt. „Sprachlich spannt Muschg den Bogen von der geschmeidigen Prosa bis zu rhythmisierten und - ironisch gebrochenen - Reimversuchen, vom Sprachwitz und Sprachspiel in Trevrizents „Fibel" für Parzivâl (der ganz unritterlich lesen lernt) bis zu schwebender poetischer Einfachheit."[19] Explizit angespielt wird auch auf Werke von Autoren des Mittelalters wie Gottfried von Straßburg (Tristan), Heinrich von Veldeke (Eneasroman) und Hartmann von Aue (Erec, Iwein und Armer Heinrich).[20] Einerseits tragen „Muschgs Figuren [...] mittelalterliche Namen, lesen mittelalterliche Bücher, haben ein mittelalterliches Weltbild, agieren in einer mittelalterlichen Welt"[21] und andererseits agieren sie wie heutige Zeitgenossen. Muschg „läßt sie sich aus mittelalterlichen Menschen zu modernen Persönlichkeiten entwickeln."[22] Im „Roten Ritter" wird das Personal der Wolfram'schen Parzivalgeschichte differenzierter dargestellt, so dass der Leser „die Seelenzustände und persönlichen Krisen sämtlicher Figuren"[23] miterleben kann. Adolf Muschg nimmt als Autor des 20. Jahrhunderts

[16] Sabine Obermaier, 1997, S. 469.

[17] Z.B. „Okeeh" (373).

[18] Z.B. steht auf dem Grâl: „THAT'S IT" oder „WELL DONE" (842). Die Schreibweise in Großbuchstaben entspricht dem Text.

[19] Volker Mertens, S. 140.

[20] Wolfram von Eschenbach nimmt in seinem „Parzival" lediglich auf den „Iwein" von Hartmann von Aue Bezug (vgl. PZ 253,10-14 und 436,4-10). Muschg hingegen spielt auf literarischer Ebene implizit auch noch auf das „Nibelungenlied", sowie Erzählungen von Thomas und Heinrich Mann an.

[21] Sabine Obermaier, 1997, S. 472.

[22] Sabine Obermaier, 1997, S. 488.

[23] Carla Carnevale, 2005, S.14.

Stellung, das heißt, er versieht als Freund der Psychoanalyse Freuds[24] seine Figuren nicht nur mit einem, dem heutigen Leser vertrauten, innerpsychologischen Leben, sondern er stellt sie auch vor psychosoziale Fragen, Krisen und Anforderungen. Durch diesen Sachverhalt bleibt es in der vorliegenden Interpretation des „Roten Ritters" nicht aus, dass Begriffe und deren Bedeutungen verschiedener Zeitepochen ineinanderfließen. Es gilt, den „Roten Ritter", der 1993 publiziert wurde, mit dem Blick aus heutiger Zeit anzuschauen und die Begriffe der Interpretation trotz der „Geschichtlichkeit des Stoffes" postmodern, d.h. gegenwartsbezogen zu gebrauchen. Diese Entscheidung begründet sich, abgesehen davon, dass das Werk eindeutig in postmoderner Zeit, der zweiten Hälfte des 20. Jahrhunderts, geschrieben wurde, dadurch, dass das äußere Handlungsgeschehen und der zeitgeschichtliche Hintergrund Wolframs Vorlage zwar treu bleibt, das innere Handlungsgefüge der Figuren jedoch - gegenwartsbezogen - ausgebaut und differenziert wird. Muschg präsentiert moderne Zeitgenossen im Gewand der Geschichte. „Jenes Geflecht von Ursachen, Wirkungen, Motiven, Befindlichkeiten und Subtilitäten"[25] wird auf eine Art und Weise dargestellt und problematisiert, dass sich der heutige Leser identifizieren kann, obwohl das Geschehen seinen historischen Ausgangspunkt im Mittelalter hat. So verwundert es auch nicht, dass der Umfang des Werkes nahezu das doppelte Volumen der mittelhochdeutschen Vorlage angenommen hat.

Signifikant tritt jedoch auch die Tatsache hervor, dass sich der mittelhochdeutsche und der postmoderne Autor trotz aller Unterschiedlichkeit sehr nah sind, denn beide präsentieren die „gleiche" Geschichte, allerdings jeweils in der Sprache und dem Verständnis ihrer Zeitgenossen. Muschg hält den Wolfram'schen Parzival „für eines der bedeutendsten Werke unserer und aller Literatur" (ZN 76). So ist nachzuvollziehen, dass der heutige Autor in einen Diskurs, also in eine intertextuelle Auseinandersetzung mit dem Wolfram-Text über die Entwicklung des Protagonisten Parzival tritt und dem Leser - vornehmlich dem wolframkundigen - ein amüsantes, tiefgreifendes Werk präsentiert. In der vorliegenden Arbeit wird infolgedessen auch die Frage berührt, was das Zeitneutrale, Überpersönliche, Allgemeinmenschliche der Parzivalgeschichte ist, so dass sie zum einen zur Weltliteratur gehört und zum anderen auch, oder besonders, heute solche Aktualität besitzt.

---

[24] Vgl. Adolf Muschg: *Literatur als Therapie?* Ein Exkurs über das Heilsame und das Unheilbare.

[25] Hubertus Fischer, S. 64.

Entwicklung und Entfaltung

Die Kernthematik des vorliegenden Romans ist die Frage, wie sich eine Biografie gestaltet, wie sich ein Subjekt konstituiert. Der „Fall" Parzival wird dabei von Adolf Muschg mittels eines subtilen dialogischen Aufbaus seiner Erzählung mit dem Epos Wolframs von Eschenbach *neu* dargestellt. Der ganze Roman lässt sich mit seiner Grundstruktur, die mit dem Begriff der Spannung zwischen verschiedenen Welten und Figuren prononciert exemplifiziert wird, als ein großes intertextuelles „Gespräch" zwischen Wolfram und Muschg in Bezug auf die Konstituierung des Subjekts Parzival inmitten seines spezifischen Umfeldes lesen. „Das Buch [der Parzival Wolframs] sah in meinen Augen wie eine Wegkarte aus, nach der ich eines Tages gehen mußte, um ins Zentrum der Welt zu gelangen" (ZN 9), schreibt Muschg und bekennt weiter: „daß jeder von uns ein Thema wie Parzival nur geliehen hat" (ZN 11). Gemeinsam ist den beiden Erzählungen, dass sie aus dem Mittelalter hervorgehen. Während Wolfram das Parzivalgeschehen aber in seiner eigenen Gegenwart beschreibt, ist es für Muschg eine lang vergangene Zeit, in die er sich hineinversetzt, über die er hinausgeht und in der er die historische Entwicklung bis heute thematisiert, indem er verschiedene Brüche zulässt:

> „Muschg [hat] die Zeitenbrüche in ganz bestimmten Bereichen angesiedelt: nämlich vorrangig in der Geschichte der menschlichen Kommunikation (Schrift und Computer) und in der Geschichte des gesellschaftlichen Zusammenlebens und seiner Repräsentationen (Konsumgüter und Luxusobjekte). Damit wird die Geschichte von Parzivâl durchsichtig auf die Kulturgeschichte des (europäischen) Menschen."[26]

Über diese feststellende Beschreibung hinausgehend wird sichtbar, dass sich nicht nur zeitliche Brüche aufzeigen lassen, sondern gerade auch das Gegenteil präsentiert wird, nämlich, dass Verbindungen im Sinne von Weiterentwicklungen nachvollziehbar beschrieben werden. Es gibt Verbindungen, Entwicklungen und ein Auseinander-Hervorgehen aus dem Mittelalter durch die Geschichte und Zeit hindurch bis heute. So lesen wir mitten in der mittelalterlichen Beschreibung des Vorturniers: „Wenn doch das Fernglas erfunden wäre!" (29). Diese Zeitlichkeit stellt Muschg auf verschiedenen Ebenen dar. Gerade die Ebene der Nachvollziehbarkeit historischer Entwicklung durch die Präsentation von etwas Allgemeinmenschlichem, etwas über die Zeit hinaus Gültigem, alle Menschen Betreffendem, macht den Muschg'schen Roman in Bezug auf die Subjekt-Konstituierung so aktuell.

[26] Sabine Obermaier, S. 473.

Um dem Allgemeinmenschlichen, das die Parzivalgeschichte an sich hat, auf die Spur zu kommen, ist es von daher an dieser Stelle nötig, die Begriffe Entwicklung und Entfaltung in Bezug auf die Konstituierung eines Subjekts zu klären: Der Begriff der Entwicklung wird in dieser Arbeit im ursprünglichen Sinne seines Wortes verwendet: Etwas ent-wickelt sich, wickelt sich aus, dringt zu seinem innersten Kern durch und ,legt den Wickel ab.'[27] Dieser Entwicklungsbegriff richtet sich also zunächst nicht auf etwas Äußeres, etwas zu Erreichendes, sondern auf die Innenseite von etwas Vorhandenem, das zur Entfaltung freigelegt werden kann.[28] Der Begriff Entwicklung kann also in seiner Funktion als Prozess von außen nach innen verstanden werden, ein Urbild dafür findet sich in den Vorgängen, in denen etwas von außen nach innen ent-deckt, auf-ge-deckt wird. Eine etwas anders geartete Orientierung ist bei dem Begriff Entfaltung zu konstatieren, hier ist die Bewegung von innen nach außen produktiv. Etwas ent-faltet sich, wird dadurch groß, dass es „die Falten ablegt".[29] Ein Urbild dafür ist die Rosenblüte, die sich entfaltet (und erblüht). Eine Biografie kann sich also entwickeln und entfalten. Entwicklung kann als Entfaltung einer bestehenden Anlage im Individuum verstanden werden, wobei die Umwelt stimulierend, auslösend oder modifizierend wirken kann.[30] In diesem Sinne kann die Parzivalgeschichte als ein großer Entwicklungs- und Entfaltungsroman[31] gelesen werden. Von dieser Tatsache ausgehend wird in der Figurenanalyse des „Roten Ritters" unter anderem darauf zu schauen sein, welchen Beitrag die Figuren leisten, tragen sie zu Parzivâls Entwicklung re-

---

27 Vgl. DUDEN 7. Das Herkunftswörterbuch. Etymologie der deutschen Sprache. Dudenverlag Mannheim, 2001. Siehe: ,entwickeln' und ,Wickel' S. 926.

28 Vgl. Wörterbuch der Pädagogik: „Im Anschluß an das lat. *evolutio* meint Entwicklung ursprünglich das Aufrollen einer Handschriftenrolle, setzt also (im Unterschied zu »Schöpfung«) etwas bereits Vorhandenes voraus, das aufgerollt und sichtbar gemacht wird." S. 151/152.

29 Vgl. DUDEN 7 unter: ,Falte'/,falten' S. 203 sowie unter ,Zweifel'/,zwei' S. 954/955.

30 Vgl. Pädagogische Grundbegriffe, S. 401 f.

31 Dilthey formuliert für den Bildungsroman, der die Entwicklung und Entfaltung eines Protagonisten darstellt, dass sich der Protagonist im Verlauf der Handlung „selber findet und seiner Aufgabe in der Welt gewiß wird." Wilhelm Dilthey, S. 393 f. Melitta Gerhard definiert den Entwicklungsroman folgendermaßen: „Als Entwicklungsromane werden hier alle die erzählenden Werke verstanden, die das Problem der Auseinandersetzung des Einzelnen mit der jeweils geltenden Welt, seines allmählichen Reifens und Hineinwachsens zum Gegenstand haben, wie immer Voraussetzung und Ziel dieses Weges beschaffen sein mag." Melitta Gerhard, S. 1. Beide Definitionen treffen auf die Problematik und Herausforderung Parzivâls im „Roten Ritter" zu.

spektive zu seiner Entfaltung bei? Oder ist dieser Vorgang gar nicht voneinander zu unterscheiden?

Abgesehen von den vorgenannten Aspekten ist der Ausgangspunkt dieser Untersuchung die Annahme, dass der Lebens- und Leidensweg des Protagonisten ein „exemplarischer Lebenslauf" (ZN 77) ist, was der Autor in seinem Kommentar programmatisch über seine Parzivâl-Figur anmerkt: „Dieser Dümmling, der die Krone des Lebens erntet, [...] er bildet sich immer neu aus dem anthropologischen Fundus unserer Spezies, ist gleichsam das ausführende Organ ihres Entwicklungsprogramms" (ZN 29). Zu klären wird also auch sein, was darunter zu verstehen ist und welche Stationen, Erfahrungen und Entwicklungen Parzivâl auf seinem Entwicklungs- und Entfaltungsweg durchläuft. Was macht seinen Weg zu einem exemplarischen Lebenslauf?

Welt und Individuum

Mittelalterliche Ritter-Welt, Grâls-Welt, Artûs-Welt

Der Blick auf das Verhältnis zwischen Welt und Individuum eröffnet die Möglichkeit, der Urspannung des Lebens zu begegnen. In auffälliger Form werden im „Roten Ritter" verschiedene Welten, d.h. Wirklichkeiten, zu verstehen als Gesamtheit alles Seienden, thematisiert, in denen sich bestimmte Figuren - verschiedene Individuen, zu verstehen als etwas Einzelnes in einer spezifischen Gesamtheit - bewegen. Die Gegenüberstellung von Welt und Individuum, äußerer und innerer Wirklichkeit, Allgemeinem und Spezifischem, kann theoretisch gedacht und voneinander abgegrenzt werden, zeigt sich im Roman aber praktisch als Verschränkung des einen mit dem anderen. Wie könnte ein Individuum ohne eine dazugehörige Welt, in der das Individuum agiert und respondiert, gedacht werden? Hinzu kommt eine Verdopplung des Spannungsbegriffes zwischen Welt und Individuum, nämlich innerhalb der Objekte. Auch hier sind Spannungen zu verzeichnen, die mitunter den Stoff der Erzählung bieten. Aufzuzeigen ist also, welche verschiedenen Welten im „Roten Ritter" eine Rolle spielen, und wie sich ein Individuum, nämlich Parzivâl, innerhalb dieses Spannungsfeldes verhält und auf welchen weiteren Ebenen Spannungen evoziert und profiliert werden.

Der Begriff Welt wird in dieser Arbeit als soziale Kategorie eingesetzt, gilt es doch, verschiedene Wertsysteme und Normen voneinander abzugrenzen - Welt ist also ein Synonym für die entsprechende Gesellschaft und Kultur, in der sich die zu besprechenden Figuren bewegen. Die Tatsache, dass Muschgs „Roter Ritter" in der mittelalterlichen Welt, der ritterlichen

Adelswelt, angesiedelt ist, wozu ohne Zweifel gehört, dass die sich immer wieder auf Aventiure[32]-Fahrt befindenden Ritter christlichen Glaubens sind, ist auf inhaltlicher Ebene zentral. Schon Wolfram von Eschenbach entfaltet in dieser Hinsicht ein interessantes Spannungsfeld, indem er Orient und Okzident über die Glaubenszugehörigkeit verschiedener Handlungsträger - Christen und Heiden - einander begegnen lässt. Das Rittertum - der Kampf mit der Lanze auf dem Pferd - das Lehnswesen und der Minnesang sind der soziokulturelle Rahmen des höfisch ritterlichen Lebens, in dem das Handlungsgeschehen zu verorten ist, Grâls- und Artûswelt inbegriffen. In diesem Zusammenhang ist die Tatsache ausschlaggebend, dass es schließlich drei Ritter sind, denen Parzivâl im Wald von Soltâne begegnet, und die, im übertragenen Sinne, das Tor zur Welt für ihn öffnen. Die Begegnung mit den drei Rittern bildet den Ausgangspunkt dafür, dass Parzivâl aus seiner kleinen, begrenzten Welt Soltâne in die große, zunächst unbestimmbare Welt zieht. Muschg konturiert innerhalb des „Roten Ritters“ Geschichtlichkeit neu und lässt Entwicklungen anklingen, die den Übergang von der mittelalterlichen zur neuzeitlichen Welt darstellen: „So würde es bald überall zugehen: Kleriker turneyten, Ritter schrieben Buchstaben, Juden empfingen den Ritterschlag, Bürger nahmen Zins und sangen von hoher Minne, und Bauern warfen nicht mehr mit Steinen auf Krähen, sie jagten mit Falken“ (621). Hier klingt das Ende des Mittelalters an und der Blick richtet sich auf neue Entwicklungen. Dargestellt werden, besonders in der Eröffnungsszene des Romans, dem ritterlichen Kampf um die Hand Herzeloydes, die Umgangsweisen und auch das Infragestellen der herrschenden Regeln. Diese Thematik wird auch in der Darstellung der Verhältnisse in Pelrapeire, nachdem Parzivâl Condwîr âmûrs geheiratet hat, aufgegriffen.

> „Schon in einem dem Vorturnier von Kanvoleis vorausgehenden Gespräch [...] werden die Positionen derjenigen gesellschaftlichen Gruppen umrissen, die Parzivâls Leben entscheidend bestimmen werden (vgl. S. 24-30). Muschg zeigt in diesem Dialog zwei aufeinander prallende Weltbilder, die seiner Meinung nach für die Zeit um 1200 charakteristisch sind. Der merkantilen Lebensauffassung, prototypisch an Lähelîn exemplifiziert, der Geld verleiht, wenn man ihm - ähnlich dem Teufel - seine Seele verkauft, und bei dem man alles für Geld kaufen kann (vgl. S. 26), wird die Position Gurnemanz’ entgegengesetzt, der die Idealität des Rittertums repräsentiert, wie es in den literarischen Entwürfen mittelalterlicher höfischer Romane entwickelt wurde.“[33]

---

[32] Das mittelhochdeutsche Wort „âventiure“ bedeutet bei Wolfram: „Kampf“, „Gefahr“, „Schicksal“, „göttliche Vorsehung“, „Heil“, „Neuigkeit“, „Geschichte“ und „Erzählung“. Siehe im Lexikon: Literatur des Mittelalters. Themen und Gattungen. Band 1, S. 40.

[33] Anke Wagemann, S. 194.

Dieser Aspekt wird in der Figurenanalyse betrachtet - an dieser Stelle sei nur auf die Spannung innerhalb der mittelalterlichen Welt hingewiesen, die Parzivâls großräumiges Umfeld darstellt und die für den Rezipienten bis in die heutige Zeit reicht. Innerhalb dieser mittelalterlichen Welt werden zwei mögliche Lebenskonzepte präsentiert und präzisiert, es sind Parallelwelten ganz unterschiedlichen Charakters, die das Handlungsgeschehen jedoch maßgeblich prägen. Die Artûswelt ist eine offene Welt, zu der man, vermittels ritterlicher Verdienste dazu stoßen kann und sie ist von den unterschiedlichsten Individualitäten geprägt, während die Grâlswelt eine geschlossene Gesellschaft darstellt, zu der man nur qua Geburt oder Berufung Zugang findet und in der die Individualität des Einzelnen gerade nicht hervortritt. Auch im „Roten Ritter" steht König Artûs dem Artûshof vor und präsentiert mit der Tafelrunde die höfische Kultur par excellence. Hauptsitz des Hofes ist Nantes, die Mobilität der Tafelrunde wird ähnlich hervorgehoben wie in der mittelalterlichen Vorlage. In der Muschg'schen Erzählung tritt als Grundfarbe des Hofes die Farbe blau in den Vordergrund:

> „Denn über alles war ein Himmel aus Seide gespannt, der Figuren und Gesichter bläulich erschimmern ließ. Auch Stoffe, Tücher, Teppiche, Fahnen und Girlanden, Pferde, Tische, ein spiegelnder Brunnen in der Mitte und die Zierbäume im Kübel, die ihn umstanden: alles entfärbte sich zum Blauen hin. Die Menschen sahen in diesem Licht schlanker aus, als zehre das blaue Licht an ihrem Leib." (341)

Auffällig ist die frankophile Haltung des Hofes, die sich in Mode und Sprechweise ausdrückt. Charakteristisch für die Gesellschaft ist auch, dass Spiele veranstaltet werden, um der offensichtlich entstandenen Langeweile zu entgehen. Die Figur eines malenden Kaplans hat Muschg hinzugefügt und unterstreicht damit die mögliche Vergänglichkeit des Hofes, denn gemalte Bilder haben einen längeren Bestand als das menschliche oder gesellschaftliche Leben - und können die Erinnerung daran wach halten. Das Weiterbestehen der Artûsgesellschaft wird im „Roten Ritter" in Frage gestellt und die Zeichen des Verfalls werden deutlich thematisiert. Trotz allem ist man dort dem Leben zugeneigt - hier kommt „man" zusammen um Neues zu berichten, zu hören und zu erleben. „In der Artûswelt kann im Gegensatz zur Grâlswelt zwar die Beziehung zwischen Mann und Frau gelebt werden, sie ist jedoch umso anfälliger für Krisen und Provokationen."[34] Und so ist zu lesen: „Das Wenige, was Männer und Frauen trennt, das Viele, was sie mannigfach und widersprüchlich verbindet, war ein unerschöpfliches Thema am Artûshof" (544).

---

[34] Carla Carnevale, 2005, S. 195.

Ganz im Gegensatz zur Schilderung des Artûshofes wird die Grâlsgesellschaft,[35] mit Sitz in Munsalvaesche, finster - grau und schwarz - gezeichnet. „Zunächst sah sie [die Burg Munsalvaesche] aus wie drei riesige Eier, dann immer noch rund, doch aus Holz. Inwendig aber ist sie kalt und aus Stein. Achteckig? fragte sie. Ja, sagte er“ (506). Hierher kommt nur der Berufene, niemand anderem ist der Ort sonst zugänglich. Männer und Frauen werden streng voneinander getrennt, die Frauen haben eine dienende und schmückende Funktion und sind im rituellen Grâlsdienst tätig, während die Männer die eigentliche Grâlsgesellschaft bilden.

> „Die Verborgene Höhe war streng, aber nicht verschämt. Zwar blieb den Geschlechtern strikte verboten, einander zu berühren. Sie lebten in getrennten Gewölben, nur die königliche Familie besaß die Freiheit der Bewegung. Doch an den Festtagen des STEINS zeigte man sich einander in höchstem Putz und genauester Förmlichkeit. Der Einzug in die achtekkige Festhalle wurde stundenlang geprobt, bevor man sich niederlassen durfte zum Großen Akt, jedes Geschlecht auf seiner Seite.“ (202)

Auch im „Roten Ritter“ ist Anfortas, der leidende und verwundete Grâlskönig, deutliche Bezugsfigur und bildet ein ebenbürtiges Pendant zu König Artûs. Die Grâlsburg Munsalvaesche wird als „Kaltes Haus“ bezeichnet (z.B. 209) und wartet mitsamt seinen Bewohnern unerbittlich auf Erlösung. Die starre Ordnung innerhalb der Muschg'schen Grâlsgesellschaft ist auf den Grâl ausgerichtet,[36] der für die Welt als „Tischlein-deckdich“ (207) fungiert und ein Kommunikationsmedium darstellt. Er wird als ‚Ding' bezeichnet (z.B. 208) und mutiert von einer Schale (205) über einen Stein zu einem Kelch (207). Der Einfachheit halber wird er auch schlicht „das Geheimnis“ (208) genannt und offeriert qua Schriftzug, wie in der mittelalterlichen Vorlage, seine Mitteilungen und Gebote. So verwundert es nicht, dass der heutige Autor, um ein Verständnis zu garantieren, die Grâlsmitglieder lesen lernen lässt (vgl. 199).

Auffällig ist, dass man sowohl in der Artûs- als auch in der Grâlswelt quasi kinderlos ist. Beide Programme sind somit nicht auf Fortführung konzipiert. Der Artûshof besteht ‚in seinem Kern aus Abschied' und ‚Munsalvaesche aus Qual' (vgl. 835). Der Grâl, der sich nicht suchen, sondern nur finden lässt (vgl. 836) hat jedoch auch für die Artûsritter eine gewisse Attraktivität. Im „Roten Ritter“ werden beide Systeme als überarbeitungs-

[35] In zehn von hundert Kapiteln lässt sich etwas über den Grâl bzw. dessen Hüter lesen: in Buch I, in Kapitel 19 und 20, in Buch III, in Kapitel 1, 16, 17 und in Buch IV in Kapitel 7, 8, 11, 16 und 20.

[36] Der Grâl setzt sich bei Muschg aus einem Konglomerat der entsprechenden Beschreibungen bei Robert de Boron, Chrétien de Troyes und Wolfram von Eschenbach zusammen.

bedürftig, oder sogar als überholte Lebenskonzeptionen dargestellt, wobei der Artûshof am Ende des Romans erhalten bleibt und sich nicht, wie die Grâlsgesellschaft, auflöst. Grâls- und Artûsgesellschaft sind aufeinander hin konzipiert, auch wenn sie unabhängig voneinander scheinen. Parzivâl muss einen Weg zwischen oder in beiden Welten und Werten finden, um seinen eigenen Standpunkt zu entdecken, seine Individualität freizulegen und dann eigenständig zu bestimmen.

Individuum, Identität, Individualität

Ein Individuum ist zunächst per definitionem als etwas Einzelnes in einer Gesamtheit zu betrachten und zu verstehen. Das heißt, die Menschheit, bzw. in der vorliegenden Arbeit das Figurennetzwerk, besteht aus einzelnen Individuen, die gemeinsam einen sozialen Kontext, ein Ganzes, ein Beziehungsgeflecht bilden. Ein Individuum kann, wenn es sich weiterentwickelt, die Eigenschaft der Identität ausbilden und zu einer deutlichen Individualität werden. Zum einen kann man die Begriffe voneinander abgrenzen, zum anderen wird aber auch deutlich, wie sie ineinanderfließen. Jede Figur im „Roten Ritter" ist zunächst einfach ein einzelnes Individuum, allerdings mit einer bestimmten Signatur.

Die Entwicklung eines Individuums auf dem Weg zur Verwirklichung seiner Identität, kann auf unterschiedliche Art und Weise verlaufen. Mitunter spielen die Voraussetzungen in der Welt dabei eine prägnante Rolle. Die Kindheitssituation Parzivâls kann in dieser Hinsicht durch zwei gravierende Aspekte beschrieben werden: Zum einen ist er über seinen Erbstrom - seine Eltern - sowohl mit der Grâlswelt als auch mit der Artûswelt verbunden[37] und zum anderen spielt die Tatsache eine Rolle, dass seine Mutter ihm in seiner Kindheit lediglich einen eng begrenzten Erfahrungshorizont ermöglicht.

> „Das Ich, auf dem die Einheit aller sinnorientierten Erfahrungsabläufe beruht, entsteht in zwischenmenschlichen Vorgängen. Diese werden von einer historischen Sozialstruktur bestimmt. Sozialisation ist jener universelle, zwischenmenschliche Vorgang, in dem sich persönliche Identität als eine gesellschaftliche Gegebenheit entwickelt. In diesem Sinn liegt Sozialisation im Schnittpunkt von Lebenslauf und Geschichte."[38]

Bei Zugrundelegung der soziologischen Definition von Thomas Luckmann wird deutlich, dass Parzivâl eine defizitäre Kindheit erlebt, die ihn in die Lage versetzt, erst als Adoleszent bestimmte Erfahrungen zu machen, die

---

[37] Vgl. Fußnote 6.

[38] Thomas Luckmann, S. 299.

ihn auf einem langen Weg dazu führen, eine eigene Identität zu entwickeln. Parzivâl wird zwar nicht physisch, aber sozial und gesellschaftlich eingeschränkt - denn eine Wertevermittlung findet lediglich in Bezug auf das Leben in Soltâne statt. Obgleich ihm dies zu einer gewissen Natürlichkeit verhilft, bilden sich in ihm jedoch keine sozial angemessenen Handlungsweisen heraus.

> „Für die Selbstidentifikation als Grundlage des eigenen Erlebens und Handelns reicht es nicht mehr aus, um die Existenz des eigenen Organismus zu wissen, einen Namen zu haben und durch allgemeine soziale Kategorien wie Alter, Geschlecht, sozialer Status, Beruf fixiert zu sein. Vielmehr muß der Einzelne auf der Ebene seines Persönlichkeitssystems, und das heißt: in der Differenz zu seiner Umwelt und in der Art, wie er sie im Unterschied zu anderen handhabt, Bestätigung finden."[39]

Um also eine Identität entfalten zu können, ist es nötig, eine gewisse Eigenidentifikation zu erleben, um überhaupt wahrnehmen zu können, was außerhalb des eigenen Selbst' geschieht, um dadurch einen Bezugspunkt zwischen Ich und Welt zu entwickeln. Außen und Innen, Individuum und Welt müssen in Bezug zueinander gesetzt werden, so dass auch von anderen Individuen erkannt werden kann, was die innere Intention ausmacht. Auch der Soziologe Niklas Luhmann fordert für den Identitätsbegriff, „daß der Handelnde seine Identität einsetzt, nämlich den Sinn seines Handelns so einsetzt, daß der Beobachter wahrnehmen zu können meint, daß der Handelnde sich mit seiner Handlung »identifiziert«."[40] Identität kann also als individuelle Eigenschaft betrachtet werden, die aber nur im Zusammenspiel mit der sozialen Umwelt zum Vorschein kommt. Dabei spielt der Aspekt der zwischenmenschlichen Zuneigung, Achtung und sogar Liebe auf allen Ebenen eine Rolle.

> „Die Berufung auf die eigene Identität macht ja zunächst gerade Unabhängigkeit von den Umständen und Unabhängigkeit von Einflüssen anderer deutlich. Diese Sinnverweisung muß gelöscht bzw. ersetzt werden durch ein Konzept der Identität-in-Transformation. Und dazu gehört, daß man gerade dem, den man liebt (und der sich selbst als dauerhaft weiß), bescheinigt, daß man durch ihn und durch die Liebe zu ihm das eigene Ich entfaltet. Identität muß also als Stabilitäts- und Steigerungsbegriff zugleich gehandhabt werden."[41]

Diese Beschreibung erlaubt mir, Parzivâl als ein Individuum zu betrachten, das sich im Prozess einer ‚Identität-in-Transformation' befindet, obwohl die Liebe Herzeloydes zu ihrem Sohn lediglich von Eigennutz geprägt ist.

---

[39] Niklas Luhmann, S. 17.

[40] Niklas Luhmann, S. 44.

[41] Niklas Luhmann, S. 45.

Wenn diese Transformation tatsächlich gelingt, müsste es möglich sein, Parzivâl am Ende des zu beschreibenden Weges als Individualität anerkennen zu können. Diese These steht in einer gewissen Spannung zu der Aussage Muschgs: „Parzival hat Glück: er ist noch kein Individuum“ (ZN 55). Ich verstehe diese Aussage so, dass sie nur auf der Ebene der menschheitsgeschichtlichen Entwicklung gemeint sein kann, denn: „Parzival ist eine Fabel der Menschheit, erzählt als Entwicklung eines abenteuerlich fragwürdigen Lebens“ (ZN 99) und sie präsentiert die Ausgestaltung eines Individuums. Auf der Ebene der Begegnungen zwischen den verschiedenen Figuren wird innerhalb des Parzivalromans ein weites Feld eröffnet, auf dem mit Spannungen zwischen Welt und Individuum, Mann und Frau, Leben und Tod, Grâls- und Artûswelt, Mittelalter und Neuzeit, Autor (Wolfram) und Autor (Muschg) umgegangen werden muss. Gerade durch diese Spannungen entsteht die Möglichkeit zu Austausch, Hinterfragung und Urteilsbildung. Untergründig werden diese Spannungen immer durch das Medium der verschiedenen Kommunikationsebenen, fragen oder nicht fragen, sprechen oder schweigen, verhandelt. Wenden wir uns also zunächst der Figur Parzivâl direkt zu, um später die Frage nach der Entwicklung seiner Individualität und der Identitätsentfaltung wieder aufzugreifen.

Parzivâl I

Verwicklungs- und Entwicklungsgeschichte

„Er [Parzivâl] muß fragen lernen, das ist das zentrale Motiv seiner Geschichte. Was ist das? Wer bin ich? Warum ist das so? Muß das so sein? Warum ist überhaupt etwas und nicht vielmehr nichts? – Und er muß auch nicht fragen lernen, das ist der nächste Schritt: daß Einer unlösbare Fragen auf sich beruhen lassen kann. Der übernächste Schritt aber führt in die Erfahrung, daß Frage und Nichtfrage Eins sind – gleich gültig, aber nicht gleichgültig.“ (ZN 31)

Der „Rote Ritter“ erzählt „die Geschichte eines Menschen, der kein Vorbild hatte und keines war, und dem sein Leben doch gelang“,[42] weil er zu fragen, das bedeutet zu kommunizieren, gelernt hat. Zunächst entfaltet Adolf Muschg auf zweihundertfünfzig Seiten (erstes Buch) die Welt, in die der Held des Romans hineingeboren wird, und in der offensichtlich für ihn keine Vorbilder zu finden sind. Dem Charakter der Eltern mitsamt ihrer Herkunftsgeschichte wird epischer Raum gegeben, so dass ein vielschichtiges Bild des mittelalterlichen Lebens entsteht, in dem die Ausgangsvoraus-

[42] Muschg, Adolf: *Liebe – eine Zumutung.* In: Süddeutsche Zeitung, Magazin, 12.3.1993.

setzungen des Protagonisten zu finden sind und mit denen er sich zurechtfinden muss.

Im zweiten Buch wird Parzivâl dann nach allen Wirrnissen um seine Zeugung von einer Mutter geboren, die ihren Mann bereits verloren hat, jedoch all ihre Aufmerksamkeit auf das Wohl ihres Sohnes setzt - womit sie die ‚Ver-wicklung' des Titelhelden einleitet, da sie ihn unter eingeschränkten Bedingungen aufwachsen lässt, die ihn zwar mit der Natur vertraut werden lassen, ihn aber nur bedingt sozialfähig machen. Wie ist die Aussage Muschgs zu verstehen, dass er „kein Vorbild" hat? Parzivâl wächst in Soltâne auf und lebt naturverbunden in einem abgegrenzten Revier. Verschiedene menschliche Tätigkeiten und Eigenschaften werden vor ihm verborgen, da seine Mutter ihn davor schützen will, als Ritter - wie sein Vater - in die Welt zu ziehen. Was seine Lebensaufgabe ist, wird sowohl dem Leser als auch dem Protagonisten selber, erst im Verlauf der Erzählung deutlich. Obgleich die Mutter nicht verhindern kann, dass ihr Sohn doch davon erfährt, dass es noch etwas anderes als das Leben in Soltâne gibt, und sie ihm auch Lehrsätze und Ratschläge mitgibt, verlässt der Held seine Kindheitswelt, ohne auf das vorbereitet zu sein, was ihm das Leben abverlangen wird. Offensichtlich reicht die Begegnung mit den drei gottähnlichen Rittern aus, um ihm eine klare Perspektive zu eröffnen. Das bedeutet, dass er seinen Weg zwar ohne direktes *Vor*bild, aber mit einem deutlichen *Wunsch*bild beginnt. Niemand ist da, der ihm in dieser Hinsicht ein Vorbild ist, er kennt weder seinen Namen noch seine gesellschaftliche Herkunft. Ganz allein muss er erfahren, was es heißt, mit anderen Menschen zu kommunizieren und in einer sozialen Gemeinschaft zu agieren. Seine ‚Ver-wicklung' nimmt, auf Grund der ihm fehlenden Informationen ihren Lauf, er macht Fehler um Fehler und beginnt „seine Karriere als Frauenschänder, Mörder und Leichenräuber" (ZN 22). Dabei begegnet er aber wichtigen Figuren, die auf seinem weiteren Lebensweg eine Rolle spielen. Drei Mal nimmt er Abschied, da sich aber das soziale Netz um ihn bereits geknüpft hat, wird er die meisten Figuren wieder treffen. Grâls- und Artûswelt greifen ineinander, ohne, dass Parzivâl etwas davon weiß. Nachdem er von seinem ersten offiziellen Lehrmeister fortgeritten ist, seine Frau gefunden hat und mit Regierungsgeschäften konfrontiert wird, kommt er, zu Beginn des dritten Buches, quasi ins Zentrum seiner Entwicklung. „Das Glück der Ehe hält Parzival noch nicht; erst muß er zum Tiefpunkt seiner Heilsgeschichte gelangen, auf den Punkt, an dem das Menschengeschlecht am tiefsten und widersprüchlichsten krankt" (ZN 85). Parzivâl, der seine Mutter sucht, gelangt in die Grâlsburg Munsalvaesche. Dort lädt er eine tiefe Schuld auf sich, weil er die sogenannte Mitleids-Frage nicht stellt. Langsam werden ihm die Folgen seiner Taten klar, er erkennt: „Ich muß an die Stellen zurück, wo mein Leben offen geblieben ist. Und beim Grâl ist es eine Wunde geworden, die muß ich verschließen" (624). Über eine lange Zeit hin und auf mühsamen Wegen sucht Parzivâl dann einen Weg zurück zu seiner Frau und zum Grâl. Dazu gehört, dass er nach der Verfluchung am Artûshof, die sich hauptsächlich innerlich zeigt, scheinbar untertaucht. „[...] erst die eigene Verwundung wird die Frage in ihm reifen lassen, die für den Unerfahrenen zu früh kam. Denn kein mitleidiger Zuschauer war gefragt, sondern der in seinem Kern Getroffene und Mitbetroffene" (ZN 87). Parzivâl ist getroffen und sucht seinen Weg durch die Betroffenheit hindurch, er sucht den Weg der ‚Ent-wicklung' und entledigt sich dafür seiner Rüstung. Bei Wolfram sind es dreieinhalb Jahre, in denen Parzival scheinbar verschwunden ist. Muschg gestaltet diese Zeit: Parzivâl verkleidet sich als Knecht. Als „Blaues Wunder" nimmt er stumm an den Abenteuern des Freundes teil und sondert sich erst von ihm ab, als er den Tod begriffen hat. Von diesem Punkt an nimmt Parzivâl die Zügel seines Pferdes wieder in die Hand, steigt in die Rüstung und übergibt sich seinem Weg. Er gelangt zum Einsiedler, der ihn das Lesen und Erkennen lehrt, kämpft seine letzten Kämpfe mit Freund und Bruder und wird dann am Artûshof davon in Kenntnis gesetzt, dass der Grâl ihn zum Hüter beruft. Trotzdem erhebt sich der Held nicht über seine Weggefährten, sondern er macht sich in Artûs' Gefolge als Hausmeier kundig, da er das ‚Spiel vom Fragen' endgültig erlernt zu haben scheint.[43] Wie in der mittelalterlichen Vorlage wird der kranke Grâlskönig erlöst. Im Laufe des Zusammenlebens mit Bruder, Frau und Kindern in Munsalvaesche aber, löst sich das Leben in der Grâlsburg auf. Der Bruder reist mit der Grâlsgesellschaft in den Osten, Munsalvaesche verschwindet und Parzivâl zieht, nachdem er noch einmal am Artûshof Bericht erstattet hat, mit Frau und Kindern in sein Stammland Kanvoleis. Dort, wo er begonnen hat, endet der Roman auch.

Herauszuarbeiten ist nun, welchen Figuren und Ereignissen Parzivâl auf seinem Weg begegnet, und wie er sich hilft, durch den Tiefpunkt seiner Existenz hindurchzukommen. Welche Figuren leisten einen Beitrag dazu? Kann unterschieden werden, wer hilfreich für seine Entwicklung ist und zu seiner Entfaltung beiträgt, so dass er sich verwandeln *und* sich treu bleiben darf (vgl. ZN 32)? Zunächst jedoch ein Blick auf Orte und Stationen des Protagonisten, die er im Handlungsgeschehen durchläuft.

[43] Vgl. Carla Carnevale, 2005, S. 133.

Orte und Stationen auf Parzivâls Weg

Realhistorisch spielt das Geschehen für Muschg in einem *„Never-never-land"* (ZN 34), was so interpretiert werden kann, dass die Erzählung über Raum und Zeit hinausgeht, sich also überall und nirgends ereignet und somit übertragbar ist. Fassen wir jedoch die Orte zusammen, die benannt werden und die für den Protagonisten eine Rolle spielen: Parzivâl wächst bei seiner Mutter in der Einöde Soltâne auf. Auf dem Weg zum Artûshof nach Nantes reitet er durch die Natur. An einem Bach trifft er auf das Zelt von Jeschûte, im Wald - Terresalvaesche, also bereits nahe der Grâlsburg - begegnet er Sigûne, am Artûshof in Nantes ersticht er Ithêr. Sein Weg führt ihn durch nicht weiter bezeichnete Natur bis nach Grâharz, wo er bei seinen Lehrmeistern Gurnemanz und Lîâze verweilt. Danach erreicht er Condwîr âmûrs in Pelrapeire, deren Herrschaftsgebiet Brôbarz am Meer liegt und schließlich von ihm regiert werden will. Nach seiner Hochzeit führt ihn aber sein Weg zurück in Richtung Heimat, Parzivâl kehrt um. Es ist Munsalvaesche selbst, und dann die Wälder um die Grâlsburg herum, mit einem Abstecher zu den Abenteuern Gâwâns, die Parzivâl das Feld eröffnen, auf dem er seine Aufgabe zu erfüllen hat. Auch der Artûshof hat sich in die Nähe der Grâlsburg begeben. Die verschiedenen Welten kommen einander nahe. Schließlich ist es die Grâlsburg selbst, die Parzivâl zu seiner Identität verhilft - worauf sie sich auflösen wird, da die Aufgabe erfüllt ist.

Abgesehen von den äußeren Orten, die Parzivâl auf seinem Weg durchstreift, sind es die inneren Stationen und die entwicklungspsychologischen Prozesse, die ihn weiterführen. Nach den heftigen Erfahrungen mit Jeschûte und Ithêr kommen ihm erste Zweifel, die ihn von nun an innerlich begleiten und sich immer wieder als beunruhigende Fragen in ihm melden. Die inneren Stationen entwickeln sich für ihn von derben Erfahrungen bis hin zu einem feinfühligen Anteilnehmen an der Gefühls- und Erfahrungswelt anderer.

Auffällig ist die Tatsache, dass Parzivâl nichts von seinen inneren und äußeren Zielen weiß und sie nicht bewusst sucht. Es ist jeweils das Pferd, das ihn lenkt, wenn er ihm die Zügel überlässt - und das tut er immer wieder. Fast kein Weg wird von ihm aktiv gesucht. So führt sein Pferd ihn von Soltâne nach Nantes, nach Grâharz und dann nach Pelrapeire, um ihn schließlich nach Munsalvaesche zu führen, was sich nur ungesucht finden lässt.[44] In die Artûsgesellschaft am Plimizöl gerät er ebenfalls zufällig, in der Zeit als „Blaues Wunder" schließt er sich der Führung Gâwâns an und als er die Grâlsburg wirklich sucht, ist sie nicht zu finden. Er überlässt die Wege seines Lebens seinem Schicksal - mittels des Pferdes, das die Richtung wählen darf - und findet dort, was seine Identität konstituiert. Der

[44] Vgl. RR 316, 358, 427, 489 und 517.

Roman endet, erstmalig, mit einem klar formulierten Ziel (vgl. 989): Die kleine Familie blickt auf die Stadt Kanvoleis im Stammland Wâleis, dem Herrschaftsgebiet der Mutter Herzeloyde, in dem die Verwicklungen um Parzivâls Lebensweg begonnen haben. Dorthin will die Familie reiten, ein Kreis schließt sich.

Teil II - Soziales Netzwerk

Figurenanalyse in Bezug auf Parzivâls Weg

„Ja, lerne einer die Menschen kennen! Sie sind Abgründe, wenn du mich fragst!“ (37)

Folgende Figuren bedürfen nun einer genaueren Betrachtung, damit sie in einen Bezug zum Protagonisten gestellt werden können.[45] Dies sind: die Eltern Parzivâls, Herzeloyde und Gahmuret, seine Cousine Sigûne mit ihrem Geliebten Schiônatulander, zwei Damen des Artûshofes: Jeschûte und Cunnewâre, der Rote Ritter Ithêr und der Knappe Iwânet, der weltliche Lehrmeister Gurnemanz und seine Tochter Lîâze, Parzivâls Frau Condwîr âmûrs sowie die Grâlsbotin Kundry, die Repräsentanten der Artûswelt: König Artûs und seine Frau Ginovêr, der leidende Grâlskönig Anfortas und Parzivâls Onkel Trevrizent, sein Freund Gâwân und dessen spätere Frau Orgelûse sowie der Bruder Feirefîz und die Grâlsträgerin Repanse de Schoye, und zuletzt, Parzivâls Gegenspieler Lähelîn. Diese Figuren stehen in unterschiedlicher Nähe zum Protagonisten und haben zum Teil auch nur einen mittelbaren Einfluss auf ihn. Die Figuren lassen sich in drei Gruppen unterteilen: zum einen in Primärfiguren, die in direkter Nähe und in Auseinandersetzung mit dem Protagonisten stehen, dazu gehören: Herzeloyde, Sigûne, Gurnemanz, Lîâze, Trevrizent, Anfortas, Condwîr âmûrs, Gâwân und Feirefîz. Die zweite Gruppe bilden die Mittlerfiguren, sie übermitteln in erster Linie Werte und Normen, dazuzurechnen sind: Jeschûte, Cunnewâre, Ithêr, Iwânet, Artûs, Ginovêr und Lähelîn. Die dritte Gruppe besteht aus Sekundärfiguren, da sie nur eine indirekte Einwirkung auf den Protagonisten ausüben, es sind: Gahmuret, Schiônatulander, Kundry, Orgelûse und Repanse de Schoye. Die Figuren werden jeweils (bis auf die letzte) zu zweit analysiert - dies begründet sich aus der engen Verbindung der jeweiligen Konstellation.

Die Eltern: Herzeloyde und Gahmuret

Damit der Titelheld geboren werden kann, braucht er selbstverständlich Eltern. Die Verbindung von Mutter und Vater bietet ihm genealogisch die Grundlage seines Lebens, offeriert ihm ein Erbe nicht nur in materieller Hinsicht, sondern auch auf immaterieller Ebene - Grâlsgesellschaft und Artûsrittertum verbinden sich qua Geburt in Parzivâl. Wie präsentiert der

[45] Da in der Forschung bislang nur vereinzelte Aussagen über einige wenige Figuren des Muschg'schen Romans vorliegen, ist es notwendig, einen schlaglichtartigen Blick auf Handlungszusammenhänge und Charaktere zu werfen. Die Analyse bezieht sich dabei nur auf das Muschg'sche Figureninventar. Interpretationen der Wolfram'schen Figuren hinzuzuziehen würde den Rahmen dieser Arbeit sprengen.

postmoderne Autor nun die Figuren Herzeloyde und Gahmuret, deren Auftreten sich in groben Zügen an die Wolfram'sche Vorlage hält, jedoch differenzierter ausgeführt wird?

„Herzeloyde und Gahmuret wandten mir kein vertrautes Gesicht zu. Sie wünschten, um Parzival zur Welt zu bringen, eine neue Würdigung, verlangten auch zusätzliches Personal, wie etwa den Zauberer Klinschor oder den Burggrafen Kyberg. Diesen mußte ich rein erfinden, da ihn zwar Wolfram für die Organisation seines waleisischen Haushalts nicht nötig gehabt hatte, ich aber desto mehr." (ZN 115)

Während Gahmurets Zeit auf dem Spielplan des Geschehens kurz bemessen ist, er verstirbt bereits vor der Geburt Parzivâls, kann Herzeloyde in zwei Phasen beschrieben werden: zum einen in Bezug auf ihren Mann Gahmuret, vom Kennenlernen bis zu seinem Tod, und zum anderen während der Erziehung ihres Sohnes in der Einsiedelei Soltâne. Beginnen wir mit Herzeloyde, auf deren Burg in Kanvoleis der Roman beginnt. Durch ein Gespräch zwischen Sigûne, der Nichte Herzeloydes, und Schiônatulander, einem Knappen von Gahmuret, wird Herzeloyde eingeführt. Sie ist als Tochter der Grâlsgesellschaft[46] einst dem Gebot des Grâls gefolgt: „HERZELOYDE KANVOLEIS" (209)[47]. König Castis, mit dem sie getraut werden sollte, verstarb jedoch während der Zeremonie, so dass sie zwar Königin über Wâleis wurde, aber jungfräulich blieb. Sie befindet sich zu Beginn der Erzählung in innerer Aufregung, da ein Turnier zu ihren Ehren veranstaltet wird - der Sieger soll ihr Mann werden. „Unsere Frau ist keine Frau Helene. Sie ist weniger von der erdigen Art und mehr von der sternischen" (22). Muschg präsentiert Herzeloyde in Bezug auf Gahmuret als willensstarke Persönlichkeit, „diese Frau war es gewohnt, Tatsachen zu schaffen" (59). Ihre Aufmerksamkeit richtet sie sofort auf ein ungeladenes Gefolge, das offensichtlich aus dem Orient kommt und sich der Burg nähert.

Gahmuret hat sich, aus dem Morgenland kommend, nach Kanvoleis ‚verirrt' - er sucht seinen Vetter Kaylet (vgl. 41). „Bleiben aber war kaum seine Art. So befand man sich auch jetzt und hier nur auf der Durchreise und in einem Zwischenzustand. Und darin konnte Herrn Gahmuret (denn so hieß er) allerhand zustoßen. Nicht selten unterlief ihm dann eine Hochzeit, und

[46] Titurel, der erste Grâlskönig auf Erden, hat die Grâlsherrschaft an seinen Sohn Frimutel weitergegeben. Dieser wiederum hat fünf Kinder: Schoysîâne (mit Kyôt von Katelangen vermählt, Mutter Sigûnes und bereits verstorben), Anfortas, der nach Frimutels Tod das Amt des Grâlshüters übernommen hat, Trevrizent, den Einsiedler und Lehrer, Herzeloyde und Repanse de Schoye, die Grâlsträgerin ist und sich am Ende des Romans mit Feirefîz trauen lässt. Vgl. das Namensregister im „Roten Ritter" S. 995-1000.

[47] Die Schreibweise in Großbuchstaben entspricht dem Text.

wenn es nur für ein paar Wochen war. Da mußte man sich gut vorsehen" (18). Gahmuret ist mit Belâkane, einer Heidenkönigin im Morgenland, verheiratet und durch eine Jugendliebe mit Ampflîse verbunden, die nun Königin von Frankreich und, wie sich zeigen wird, verwitwet ist. Gahmuret ‚sucht' keine neue Frau.

Herzeloyde aber fällt durch ihre direkte Art mit dem Unbekannten umzugehen auf: am Ende des ersten Turniertages schaut sie aus dem Fenster, sieht das fremde Gefolge und fragt: „WER HAT MIR DAS GETAN?"[48] (39). Denn obwohl Gahmuret, König von Zazamanc, nicht eingeladen ist und sich unkonventionell verhält, findet er sofort ihr uneingeschränktes Interesse. Über sein Verhalten ist sie gleichermaßen erstaunt und entrüstet, fühlt sich zugleich aber auch von ihm angezogen und will ihm näher kommen. Ihre Aufmerksamkeit richtet sie auf den Fremden, Unkonventionellen, der vom Autor an mehreren Stellen ironischerweise „der Heide" genannt wird (vgl. z.B. 78). Alle anderen Turnierteilnehmer treten in den Hintergrund - Herzeloydes Interesse ist eindeutig und unwiderruflich auf Gahmuret gerichtet. So ‚befiehlt' sie ihm, dass er sich bei ihr vorstellen möge (vgl. 44). Im ersten Gespräch zwischen den beiden bekundet sie ihren Willen: „Wenn die Herren keine Herausforderung für Euch bedeuten: ich wünsche eine zu sein" (48). Und nach Abbruch des Turniers konstatiert sie zufrieden: „Jetzt bleibt nichts anderes, als daß ich ihn wähle" (60). Gahmuret befindet sich, wie bereits gesagt, gar nicht auf Brautsuche, da er bereits verbunden und verheiratet ist, und als „ein zielloser, ständig umherirrender Mensch, der die ihm fehlende Geborgenheit der Familie durch Minneabenteuer zu überwinden sucht,"[49] bezeichnet werden kann - er wird von Herzeloyde ‚überrumpelt'. Als sie in sein Zelt eintritt - auch dieser Umstand kann als Zeichen ihrer Entschlossenheit gewertet werden -, sieht sie zunächst Lähelîn, einen vortrefflichen Ritter, der das Turnier, wenn Gahmuret nicht aufgetaucht wäre, von Rechts wegen vermutlich gewonnen und somit Anspruch auf die Ehe mit ihr gehabt hätte.

Wie aber reagiert Gahmuret, wie wird sein Eintritt in die Erzählung geschildert, bevor Herzeloyde in sein grünes Zelt tritt? Gahmuret hat aschblondes Haar und trägt einen Soldatenmantel (vgl. 40). Auffällig ist sein Gefolge auf Grund der orientalischen Pracht und überraschend ist die Tatsache, dass „Herr Gahmuret", als er sich bei „Frau Herzeloyde" in der Burg Kanvoleis vorstellt, innerhalb seines Gefolges als Letzter und auf einem schwarz-weiß gescheckten Pony einreitet. Eine Spannung in seiner Persönlichkeit wird durch die Tatsache aufgebaut, dass er einerseits - mit seinem

[48] Schreibung in Großbuchstaben entspricht an dieser Stelle der Schreibweise im „Roten Ritter".

[49] Carla Carnevale, 2005, S. 68.

Diamanthelm - immer siegt (vgl. 43) und andererseits als orientierungslose Figur dargestellt wird. Auch Muschg als Autor wagt es nicht, dieser Figur richtig ins Gesicht zu schauen - vielleicht nicht zuletzt wegen des simplen Umstands, dass Gahmuret während er Parzivâl das Leben schenkt, tatsächlich ‚nicht richtig zu sehen' ist, weil er innerlich abwesend ist und sich nicht zeigen will (vgl. 47). Es wird aber von Gahmuret berichtet, dass er bewaffnet ist, einen langen Rock anhat, auf seinem langen „schilfblütigen Haar" (47) einen Turban trägt, nicht groß ist, keinen Bart hat, seine Lippen geöffnet sind, die Nase dünn und gebogen ist, die Ohren klein sind und die Augen schief zueinander stehen. Im Gespräch mit Herzeloyde gesteht er: „Ich bringe kein Glück" (48). Nachdem Gahmuret wider Willen am Vorturnier teilgenommen hat, überschlagen sich die Ereignisse: Eine Reitergruppe aus seinem Stammland Anschouwe erreicht ihn und teilt ihm mit, dass sein Bruder sowie seine Mutter verstorben seien. Nun ist er rechtmäßiger Herr über Anschouwe und muss das Land regieren. Des Weiteren trifft eine Gesandtschaft der Königin von Frankreich ein, die verlauten lässt, dass Königin Ampflîse nun, da sie Witwe geworden ist, Gahmuret zum Mann begehre. Aber nun macht sich auch Herzeloyde auf den Weg zu ihm. Obgleich es spät abends ist (vgl. 61) befielt sie dem Burggrafen Kyberg Gahmuret zu melden, dass sie ihm aufwarten möchte. Von nun an wird Gahmuret „der Stumme" genannt (65) und Herzeloyde fragt sich, „was mit ihm los sei" (vgl. 63). Auch als Herzeloyde ihn als Sieger des Turniers deklariert, schweigt Gahmuret. Das Einzige, was er von sich gibt, bezieht sich darauf, dass sie ihn nicht an sich binden solle (vgl. 70), da er ein irrender Ritter sei (vgl. 75). Schließlich lässt er die Hochzeit mit Herzeloyde aber über sich ergehen und tritt am nächsten Tag, nachdem der Rat sinnloserweise darüber getagt hat, wer das Turnier gewonnen habe, als Ehemann Herzeloydes auf - „getraut sei getraut" (85). In seiner Rede fällt auf, dass er nicht ‚ich' sagt, sondern über ‚Gahmuret' spricht - so, als ob er nicht Herr seiner selbst sei. Herzeloyde hingegen fällt einerseits durch ihre Stringenz auf, andererseits aber auch durch ihre demutsvolle Haltung ihrem Gemahl gegenüber. Sie hat ihr Ziel erreicht. Nun gilt es, einen Nachkommen zu zeugen - und an dieser Stelle eröffnen sich für Herzeloyde erneut Schwierigkeiten. Gahmuret teilt zwar sein Bett mit ihr, ist aber innerlich offensichtlich so abwesend, dass es zu keiner Zeugung kommt. Sie sucht Rat bei der Jungfrau Maria, der sie gesteht, sich einen Sohn zu wünschen, ja zu wollen. „Parzivâl" soll er genannt werden (139). Anabel Niermann konstatiert über diese Stelle:

> „Inhaltlich geht Muschg weit über Wolframs „Parzivâl" hinaus. Hier geht es um Selbstfindung, um einen Individualisierungsprozess, wie er in der mittelalterlichen Literatur nicht zu finden ist und als Marker auf heutige soziokulturelle Prozesse ver-

weist. Das Gespräch mit der Mutter Gottes verfremdet die traditionelle Gebetsform - nicht nur durch den Sprachstil, sondern auch durch die nichtzitierten Beiträge der Muttergottesstatue, die die Unterhaltung wie ein Frauengespräch in heutiger Zeit erscheinen lassen."[50]

Dieser Einschätzung möchte ich widersprechen und darauf verweisen, dass sich womöglich die Darstellung der Kommunikationsform zwischen einer religiösen Statue - der Mutter Gottes - und einer Not leidenden Frau - Herzeloyde - vom Mittelalter bis heute verändert haben mag, weniger aber der Inhalt. Das, was Wolfram von Eschenbach ausgespart hat, nämlich die Beschreibung der inneren Gefühlsebene der Figuren, wird durch Muschg an dieser Stelle expressis verbis ausgeführt. Herzeloyde leidet an ihrer Schicksalslage und verleiht dieser Not Ausdruck. Hilfe bringt der Zauberer Klinschor, „Erbauer von Schastelmarveile und Drahtzieher der Fabel" (998), den Muschg einen Besuch bei Herzeloyde abstatten lässt. Herzeloyde offenbart ihm gekonnt und dennoch zurückhaltend ihre Not: Klinschor weiß, „Ihr konntet allerhand von ihm [Gahmuret] haben, sagte er, sogar Euer Glück. Aber *sein* Glück sollt Ihr nicht bekommen, und das habt ihr gewusst. Weil er kein Glück zu geben hat" (158). Schließlich bietet sich Herzeloyde der Erinnerung Gahmurets an, sie lässt das Licht im ehelichen Schlafzimmer löschen und empfängt ein Kind. Gahmuret, „das Feenkind, war treu", er war ein „Mann der Erinnerung" (172) und suchte „die größte Entfernung zu seiner Mohrin, um ihr am nächsten zu sein" (173). Von Belâkane hat er sich bei Nacht und Nebel davongemacht, nicht ohne Schatzdieb und Seeräuber genannt werden zu können, von Herzeloyde jedoch nimmt er öffentlich - und für immer - Abschied.

„Gahmuret ist ein Verführer, Ehebrecher und Schatzräuber - und er ist fromm, ja er kann von Gnaden des Romans geradezu heiliggesprochen werden" (ZN 60), da er dem Titelhelden das Zur-Welt-Kommen ermöglicht. Kurz vor dessen Geburt stirbt Gahmuret im Morgenland[51] und Herzeloyde werden lediglich sein Hemd und eine Lanzenspitze überbracht. Stirbt Gahmuret, damit Parzivâl physisch geboren werden kann? Ithêr sagt über ihn: „Er suchte ihn, [den Tod] wenn du mich fragst. Wer die Frauen zu gut kennt, will sterben" (339). Die werdende Mutter Herzeloyde ist von Beginn ihrer Schwangerschaft an fast ausschließlich damit beschäftigt, ihrem Kind zu huldigen. Dass Gahmuret fortziehen und nicht wiederkommen wird, hat sie eigentlich erwartet. Was hinterlässt Gahmuret seinem Sohn? Evident ist, dass er das, was er als Person repräsentiert, ideell übergibt. Zum Einen ist das seine adelige Abstammung, die Zugehörigkeit zur Artûsrunde und

50 Anabel Niermann, S. 149.

51 Der Heidenkönig Ippomidôn erschlägt Gahmuret im Kampf. Vgl. RR 238.

seine vortreffliche Ritterschaft - von der Parzivâl lange überhaupt nichts weiß - und zum Anderen sind es Gahmurets nicht ausgelebte Eigenschaften, die Parzivâl erbt. Zum Beispiel wird Parzivâl Gahmurets „unvollendete Selbstsuche [...] fortsetzen und zu Ende bringen.“[52] Parzivâl wird im Laufe seines Lebens immer wieder auf die Spuren seines Vaters stoßen, denn, „keiner seiner Konflikte konnte gelöst werden, er nimmt sie mit in den Tod,“[53] er wird ihm einiges nachtun - anderes jedoch auch ganz anders machen.

Herzeloyde wendet sich der Zukunft zu: „Denn ihre Liebe ist in die Wochen gekommen und bereitet eine ganz neue Geschichte vor“ (180). Auf dramatische Art und Weise wird schließlich ihr Sohn geboren, den sie zuvor, noch in ihrem Leib selbst getauft hat: „Dies ist mein Leib. Ich taufe ihn im Namen des Vaters, des Sohnes und des Heiligen Geistes. Gesegnet sei die Frucht meines Leibes. Gesegnet sei, Der da kommen soll im Namen der Liebe. Ich verkündige euch - “ (240). Herzeloyde bekommt, was sie begehrt, einen Sohn, aber damit hat sie sich auch schon zu begnügen. Ihre Aufgaben und Pflichten als Königin vernachlässigt sie bis zur Ignoranz und zieht mit Parzivâl, der seinen Namen nicht hören darf und nur: „Dusüßeskind, Duliebeskind, Duguteskind“ (254) genannt wird,[54] nach Soltâne, damit „dem Kind da nur Eins nicht begegnete: Ritter und Ritterschaft. Gerüstete, gepanzerte Männer sollte das Kind nicht sehen. Nie sollte es Lust bekommen zu werden wie sein Vater Gahmuret, tot und ein Held“ (256). Die Erzählinstanz konstatiert: „Von der Hauptsache vielleicht abgesehen, machte Frau Herzeloyde alles falsch mit ihrem Kind“ (256). Parzivâl jedoch wächst trotzdem heran, seine besten Lehrer sind die Tiere (vgl. 276), bis eines Tages das geschieht, was geschehen muss: Nach der Episode mit den Vögeln („wer hätte die undichte Stelle Soltânes gerade am Himmel vermutet und in den Wipfeln?“ (282)) trifft Parzivâl auf die Ritter und will fort. Herzeloyde muss ihren Sohn in die Welt ziehen lassen, hinaus aus der „Verschwörung zugunsten der kindlichen Unschuld“ (275). Sie rüstet ihn mit närrischer Kleidung und einem alten Gaul aus, gibt ihm Ratschläge mit und fällt, als er davon reitet, tot um.

---

52 Carla Carnevale, 2005, S. 68.

53 Carla Carnevale, 2005, S. 215.

54 In Wolframs „Parzival“ heißt es in Vers 140,6: „bon fîz, scher fîz, bêa fiz“ (guter Sohn, lieber Sohn, schöner Sohn).

Zwischenbilanz: Ermöglichungsfiguren

Während Gahmuret seinem Sohn auf dem irdischen Spielfeld gar nicht erst begegnet ist, konnte Herzeloyde ihre Vorstellungen und Werte bis zu einem gewissen Punkt durchsetzen. Beherrschend ist ihre Angst, auch den Sohn, so wie zuvor ihren Mann, zu verlieren. Beide sind aber „Ermöglichungsfiguren“ für den Protagonisten, da sie ihm seine Lebensgrundlage bieten. Zu konstatieren ist, dass Parzivâl genau zu der Zeit aus seiner mütterlichen Welt ausbricht, als er ahnt, dass es noch etwas anderes als Soltâne geben müsse - sinnbildlich stehen die auftauchenden Ritter dafür. Genealogisch ist ihm sowohl die Ritterschaft der Artûsgesellschaft, als auch die Verbindung zum Grâl eingeschrieben. Herzeloyde hat mit ihren Erziehungsmaßnahmen versucht zu verhindern, was nicht zu verhindern ist, nämlich, dass ein Individuum in sich entdeckt, dass etwas in ihm schlummert und zum Leben erwachen will. „Parzivâl würde heimkehren [zu sich selbst], aber nicht zu ihr [Herzeloyde], sondern dahin, wo er hingehörte: in eine aufgehobene [noch unbekannte] Welt“ (314/315). Neben der Feststellung von sozialen Defiziten in Parzivâls Kindheit kann nun auch konstatiert werden, was Parzivâl durch seine speziellen Kindheitserlebnisse ermöglicht wird, nämlich, ein unbekümmertes und sicheres Verhältnis zur Natur und der Tierwelt sowie zu seiner eigenen Körperlichkeit zu entwickeln. Obgleich er sich zunächst durch den Bezug zu seiner Mutter, ihrer Erziehung und Ratschläge lächerlich macht und als Dümmling erscheint, bildet er im Verlauf der Handlung eine auffällige Unabhängigkeit von gesellschaftlichen Konventionen aus, die es ihm ermöglicht, eigenständige Urteile zu bilden. Sowohl die Primärfigur Herzeloyde, die ihm keine standesgemäße Sozialisation bietet und trotz des Informationsentzugs Ratschläge gibt, als auch die Sekundärfigur Gahmuret, der sich seiner Vaterschaft entzieht, haben beide eine tiefe Wirkung auf Parzivâl. Im Laufe seines Lebens hat er sich soweit zu individualisieren, dass er zu seinem eigenen Erbe wird.

Ein unglückliches Paar: Sigûne und Schiônatulander

Schiônatulander eröffnet den Roman mit einem an Sigûne gerichteten „Pst“ (11), das ihn zugleich charakterisiert. Das Wort „Pst“ lädt den Leser zu Beginn des Romans ein, inne zu halten, in die Geschichte einzutauchen und Sigûnes Gehör zu finden, worauf auch Schiônatulander hofft. Am Ende des Romans, wenn das erzählt ist, was über Parzivâl zu erzählen ist, wird auch Condwîr âmûrs dieses Wörtchen (vgl. 992) aussprechen und den Leser entlassen, diesmal, um auf die eigene, innere Stimme zu hören - wenn das Stimmengewirr der Abenteuer, die die Figuren erlebt haben, verklungen ist.

Wie bereits erwähnt, hat Adolf Muschg im „Roten Ritter“ die Vorgeschichte Sigûnes und Schiônatulanders, die im „Titurel“-Fragment von Wolfram zu finden und zu rekonstruieren ist, in seine Erzählung integriert.[55] So erfährt der Leser, wie sich die beiden Kinder kennen und lieben lernen, was sie miteinander verbindet und wie sich schließlich der Tod Schiônatulanders ereignet. Zunächst aber trägt dieser mit Geduld die vielen Vorgaben, Vorstellungen und Maßregelungen, die ihm seine „Minnedame“ Sigûne von Kindheit an vorgibt. Schiônatulander ist ein stiller Geselle, der, ähnlich wie Sigûne, seine Eltern verloren hat. Er ist wie Tampanîs Knappe bei Gahmuret, dem umherziehenden, stets siegreichen Ritter, der Schiônatulander an Vater Statt versorgt und ausbildet. So kommen sie, weit gereist, zu Beginn der Erzählung aus dem Orient nach Kanvoleis.

Obgleich auch Schiônatulander im Verlauf der Erzählung verstirbt - und zwar bereits in dem Moment, in dem Parzivâl beginnt in die Welt zu ziehen - bleibt er, im Gegensatz zu anderen Figuren, wie zum Beispiel Herzeloyde, bis zum Schluss der Erzählung präsent. Das ist zum Einen auf Sigûne zurückzuführen, die nach seinem Tod ihre Schuld sühnen will und den Geliebten bis zu ihrem eigenen Tod am Ende der Erzählung betrauert, und zum Anderen an der Schiônatulander-Figur selbst. Auf der einen Seite bilden nämlich die sich als Paar näher kommenden Sigûne und Schiônatulander in ihrer kindlichen Unbefangenheit einen Kontrast zur Ehe von Herzeloyde und Gahmuret, die von Unwillen, Sprachlosigkeit und schließlich einem schnellen Ende geprägt ist, und zum Anderen umweht die Schiônatulander-Figur in ihrer zum Teil direkten und spontanen und dann wieder aufopfernden und stillen Art eine eigentümliche Atmosphäre, die von Hingabe, Zurückhaltung und Demut geprägt ist. Auffällig ist die Herkunft der Figuren: So wie Gahmuret ist auch Schiônatulander von der Artûsritterschaft[56] geprägt; bevor er mit seinem Herrn in den Orient gezogen ist, hat er am Hof von Königin Ampflîse in Frankreich gelebt. Daher rühren auch seine französische Art und die vielen frankophilen Ausdrücke, die er verwendet. Sigûne hingegen ist, wie Herzeloyde, aus dem Grâlsgeschlecht.[57] Sie hat mit ihr auf Munsalvaesche gelebt, bis Herzeloyde nach Kanvoleis

---

[55] Joachim Bumke, S. 417: „Der ganze ›Titurel‹ kann als eine nachträgliche Vorgeschichte zu den vier Sigune-Szenen im ›Parzival‹ gelesen werden.“

[56] Schiônatulander ist aus fürstlichem Geschlecht und ein Enkelsohn von Gurnemanz von Graharz, dem Lehrmeister Parzivâls. Gahmurets Mutter (Schoette) und Schiônatulanders Mutter (Mahaute) sind Schwestern. Vgl. Joachim Bumke, S. 407/408. Schiônatulanders Vater heißt bezeichnenderweise Gurzgri (vgl. „Titurel“-Fragment, V. 41) - wie Gurnemanz’ verstorbener Sohn und auch der Kater, den Schiônatulander Sigûne im „Roten Ritter“ zur Pflege bringt.

[57] Sigûne ist die Tochter von Kyôt von Katelangen und Schoysiane (der Schwester Herzeloydes).

berufen wurde. Hermann Schlösser urteilt: „Ein Opfer dieser Elitenerziehung [in Munsalvaesche] ist Sigûne: Zwar dankt sie ihrer Abkunft eine hohe Bildung, andererseits aber holt sie sich auf der Grâlsburg jene Scheu vor allem, was man *das Leben* nennt".[58] Trotzdem versucht sich Sigûne Schiônatulander zu nähern. Beide haben ihre leiblichen Eltern früh verloren[59] und eine ähnliche Kindheitsgeschichte. Sie begegnen einander als Schiônatulander eines frühen Morgens bei Sigûne anklopft, um seinen Kater Gurzgrî bei ihr in Pflege zu geben. Schiônatulander hat eine schmale Gestalt, ein hageres Gesicht, sein Haar riecht nach Jasmin (vgl. 12) und Sigûne fallen sofort seine ungewöhnliche Sprache sowie seine überraschenden Ansichten auf. So sagt er zum Beispiel: „Ihr spürt etwas! [...] wozu braucht Ihr da viel zu *wissen*?" (14). Schiônatulander bringt im Gegensatz zu Sigûne Leichtigkeit mit, die ihm jedoch im Laufe der gemeinsamen Zeit abhanden kommt. Beim Hochzeitsfest von Gahmuret und Herzeloyde spielt er mit seinem Freund Tampanîs Schach und sagt zum Kyberg: „[...] ich verliere gern schön. Siegen ist gewöhnlich" (123). Dieser Satz charakterisiert Schiônatulander, der trotz seiner Lernbereitschaft und Geduld auch ein ‚schöner Verlierer' wird, wenn er im Kampf mit Orilus über eine Wurzel stolpert und daran stirbt.

Parzivâl wird Schiônatulander, bis auf einige wenige Besuche in Soltâne, kaum begegnen, darum ist es für den Leser umso interessanter, dass Schiônatulander offensichtlich einige soziale Fähigkeiten zur Verfügung stehen, die Parzivâl sich erst aneignen muss: Als er Sigûne, die am Brunnen sitzt und schluchzt, wieder einmal begegnet, stellt er ihr unvermittelt *die Frage*, die Parzivâl später (in Munsalvaesche) nicht über die Lippen bringt: „Was fehlt euch?" (140). Des Weiteren wird an dieser Episode entfaltet, dass Schiônatulander in seiner Verbindung zu Sigûne eher der ‚Erzählende' und ‚Handelnde' ist, während sie als ‚Zuhörende' und ‚Lesende' dargestellt wird. Sigûne ist Schiônatulander von Anfang an zugeneigt, hält ihn aber, ob ihrer ‚höheren' Stellung in einem gewissen Abstand. Die beiden ‚üben Minne' (vgl. 149) - und dies nach ganz genauen Abmachungen bzw. Sigûnes Vorstellungen. Sigûnes Fähigkeit zu lesen verhilft ihr über manch einsame Stunde, die sie in ihrem Turm zuzubringen hat, während Schiônatulander wieder in Gahmurets Dienst im Orient unterwegs ist. Sehnlich wünscht sich Sigûne den Geliebten herbei, hält ihn aber, auch nachdem er nach Gahmurets Tod wieder nach Kanvoleis gekommen ist, weiterhin in gebührendem Abstand. Zuvor hat sie ein Geburts- und Todeserlebnis zu

58 Hermann Schlösser, S. 118.

59 Der Vater Sigûnes, der Sterndeuter Kyôt von Katelangen, lebt zwar noch und wird auch im Verlaufe des Romans eine Rolle spielen, als ‚Vater' tritt er jedoch nicht auf und wird seiner Tochter auch erst im Tod begegnen.

verkraften - ihre Dienstmagd Trine verblutet nach der Geburt ihres Kindes (vgl. 197 ff.) - was Sigûne als mögliche Folge ungebührlicher Minne erkennt. Auch ihre Mutter ist an einer - ihrer! - Geburt gestorben (vgl. 201), was dazu führt, dass sich auch der Sterndeuter, Vater Kyôt, zurückgezogen und Sigûne der Tante mütterlicherseits übergeben hat. Während der Zeit, die Sigûne mit Herzeloyde in Munsalvaesche gelebt hat, wird ihr von Trevrizent das Lesen beigebracht. Die Zeit nun, die Schiônatulander im Orient ist, vertreibt sich Sigûne mit Lesen: Alle möglichen Liebesszenarien, ob das Schicksal Enites (mit Erec), Isoldes (mit Tristan) oder auch Didos und Lavinias (mit Eneas), hinterlassen einen tiefen Eindruck in ihr. Auf Grund der „undichten Verhältnisse der Zeit“ (218) findet auch der geheimnisvolle GARDEVîAS[60] einen Weg zu Sigûne und ‚erzählt' Geschichten. Trotzdem spürt sie den Unterschied zwischen Text und Leben, sie fragt: „Und ich soll immer nur lesen, bis ich grau werde? Das Nönnchen, der Trauerfliegenschnäpper?“ (204). Sigûne wartet auf Schiônatulander. Als er aus dem Orient zurückkehrt, erzieht sie ihn zum ‚Prinzen' (261), und Herzeloyde erhebt ihn zum Verweser von Wâleis. „Schiônatulander hat noch immer ein Stück Himmel in den Augen, dem müssen wir Sorge tragen. Bedenkt, wie er meinen Herrn geliebt hat! Er ist der Rechte, das sagt mir mein Gefühl. - Ihr müßt mir ihn hüten, Kyberg! sagt die Frau, und Sigûne auch! Versprecht es mir“ (259).

Sigûne und Schiônatulander aber üben sich, statt in Kanvoleis zu regieren, in gehobenem Minnedienst, das Paar pflegt die Kunst und das Zusammensein als Blüte der „*finesse*“ (vgl. 261), Sigûne kann aber „den Panzer ihrer Erziehung nicht brechen.“[61] Schiônatulander kann singen, schöne Worte machen, hofieren und erzählen und sie besteht darauf, ihn auch im ritterlichen Turnier, bei der Tjost zu sehen (vgl. 262), damit er lerne, um ihren Lohn zu dienen. Herzeloyde ist mittlerweile mit Parzivâl nach Soltâne gezogen, so dass man nicht mehr auf gemeinsamem Gelände mit Sigûne und Schiônatulander lebt.[62] Noch immer hat der junge Knappe um die Minne der Grâlstochter zu dienen, sie gewährt ihm jedoch (noch) keine Erfüllung. Und so geschieht dann in diesem überspitzten Verhältnis etwas

[60] Die Schreibung in Großbuchstaben folgt an dieser Stelle der Schreibweise im RR. Im Verlauf der Erzählung wird der Name auch klein geschrieben.

[61] Hermann Schlösser, S. 120.

[62] „Sigune und Schionatulander besuchen Parzival und Herzeloyde in Soltane, worüber wir weder etwas im *Parzival* noch im *Titurel* lesen, jedoch im *Jüngeren Titurel* [von Albrecht von Scharfenberg] (V. 1152) eine inhaltliche Affinität feststellen können, wo Soltane - wenn auch abgeschieden - doch einen belebten Ort darstellt.“ Carla Carnevale, 2005, S. 92.

Unwiderrufliches: Während eines „Pique-niques“[63] taucht der Bracke Gardevîas mit der beschriebenen Hundeleine auf, Sigûne beginnt atemlos zu lesen was darauf geschrieben steht und Schiônatulander ist bestürzt und betroffen ob ihrer offensichtlichen Verbundenheit mit Text und Tier, so dass das Unheil seinen Lauf nimmt.

> „Konnte der Delphin [Kosename Schiônatulanders] nicht sehen, wie viel Text er auf die Sicherung des Hundes verwendete, daß er Sigûne damit die Lektüre verkürzte? In ihrer Versessenheit würde sie unbedingt wissen wollen, wie der Roman weiterging, und den Knoten lösen. Die Folge war eigentlich zu erraten, wenn die Wirkung des Drucks hinter dem Hundsohr nachließ. [...] Kniend kroch sie Letter um Letter dem Knoten entgegen, wo das Brackenseil festgemacht war und wo es natürlich am spannendsten wurde; denn so will es das Unheil.“ (307)

Schiônatulander bleibt nichts anderes übrig, als zu versuchen, den entlaufenden Hund wieder zu beschaffen, denn Sigûne ist streng mit ihm: „Es wird nichts aus uns beiden, wenn Ihr mir das Band nicht zu schaffen wisst. Ich gäbe mein Herzogtum um das Seil, und alle Schätze der Welt. Auch unsere Minne, damit Ihr's wißt. Gardevîas muß wieder her, mitsamt dem Seil, Delphin! Sonst könnt Ihr meinen Lohn vergessen“ (309).[64] Und Schiônatulander antwortet: „Ich bringe Euch das Seil zurück, hohe Frau, sagte er, wenn Kampf es erringen kann. Ich will mir lieber Ehre und Leben verderben, als ohne Seil wiederzukommen. Aber ich wäre Euch sehr verbunden, wenn Ihr's dann genug sein ließet. Unser Zustand ist unhaltbar geworden, jedenfalls für mich. *A dieu.*“ Sigûne verspricht es ihm. „Ja, sagte sie, ja *Mon Sieur*. Bringt mir das Seil, und in derselben Nacht will ich die Eure werden“ (310). Dazu jedoch kommt es nicht mehr. „Der Roman, in dem sie sich befanden, nahm seinen Lauf“ (310). Schiônatulander kommt im Gefecht ums Leben. Parzivâl wird die trauernde Sigûne mit ihrem toten Geliebten im Wald antreffen, genau an der Stelle, an der Wolfram von Eschenbach die erste Sigune-Szene in seinem Parzival platziert (PZ 138,10-142,2).[65] „Umgebracht hat ihn [Schiônatulander] die Sünde der verweigerten, der vorenthaltenen Liebe“ (ZN 58), insistiert Muschg. Parzivâl, für den Schiônatulander der erste Tote ist, begreift noch nicht, was es damit auf sich hat. Erst als er später, in Gâwâns Gefolge als das „Blaue Wunder“ einen Sterbenden in die Arme gelegt bekommt, metaphorisch in ihm Schiônatulander erblickt, erkennt er, was der Tod bedeutet (vgl. 605).

63 Muschg präsentiert Sigûne und Schiônatulander als Erfinder des Pique-niques (vgl. 304).

64 Diese Stelle ist fast wörtlich aus dem „Titurel“-Fragment übersetzt: *„so daz din dienst doch gerte miner minne,/du muost mir daz seil ê erwerben“* (Vers 166,5 f.).

65 Im „Titurel“-Fragment findet sich die Vorgeschichte zu dieser Stelle in den Versen 139,2-175,4.

„Da nahm Parzivâl den Kopf des Toten in seinen Schoß und wehrte ihm die Fliegen von Auge und Mund. Er saß die Nacht und einen Tag, und in seine Nase stieg der erste Hauch von Verwesung“ (607). In dieser bildhaften Szene erlebt Parzivâl später das nach, was Sigûne jetzt zu ertragen hat und was ihr weiteres Leben prägen wird. Ihr Liebeskonzept ist nicht aufgegangen, dafür wird sie den Rest des Romans büßen. Es folgen im Verlauf der Romanhandlung die vier bekannten Sigûne-Szenen, ähnlich denen, die Wolfram präsentiert hat.

> „Sigune, die Märtyrerin der Minne, behält ihre Teilvollmacht über sein [Parzivâls] Romanschicksal. Sie hat ihm seinen Namen eröffnet; sie ist die Erste, die ihm beibringt, was er in der Gralsburg verbrochen - vielmehr: unterlassen - hat; und sie ist es (in einer verschwiegenen Schicht des Romans), die er statt seiner Mutter besucht, von einer Station seines Lebens zur anderen, getreu bis in ihren Tod - ihre Verklärung im Tode. Sie ist also beides: Gegenspielerin und Verbündete. Poetologisch gesagt: sie bietet dem Roman ein Gegenspiel an, das er nicht zu entkräften, an dem er sich zu bewähren hat.“ (ZN 59)

Als Parzivâl des Weges kommt, sitzt Sigûne mit ihrem toten Geliebten auf dem Schoß und spielt für ihn von nun an „die Rolle eines menschlichen Wegweisers an entscheidenden Abzweigungen.“[66] Zunächst erkennen sich beide nicht. „Der Tod entstellt, und die Klage zerreißt auch ein vertrautes Gesicht. Er erkannte sie nicht. Er hatte bisher keinen Tod gesehen, außer bei Tieren und Vögeln, und Menschentrauer war ihm fremd“ (328). Dann aber erhält Parzivâl von seiner Cousine Sigûne die ersten erkenntniskonstituierenden Informationen, die ihm auf dem Weg in die Welt wichtige Dienste leisten.

> „Du bist Parzivâl! sagte sie. - Dein Name ist: Recht Mittendurch! Du bist die Furche, die Liebe durch das Herz deiner Mutter pflügte. Denn dein Vater ließ sie mit dir allein. Ich sage dir, wer du bist, und sage nicht zu viel. Dein Vater war ein Anschewîn, und wurde ein Wâleis durch deine Mutter. Über Wâleis herrschte sie selbst, war meine Tante und vom Grâl: ich sage nicht zuviel. Du bist geboren zu Kanvoleis und König auch von Norgâls, dort müßtest du die Krone tragen.“ (329)

Die Funktion Sigûnes hat auf Parzivâls Weg einen deutlichen Charakter: Einerseits nimmt sie Schuld auf sich, denn sie fühlt sich für den Tod Schiônatulanders verantwortlich - und versucht im Verlauf ihres restlichen Lebens dies Vergehen zu sühnen - so, wie auch Parzivâl Schuld auf sich lädt, die er bereit ist abzutragen und andererseits ist sie Parzivâls nächste und zunächst einzige Verwandte. Diese Position befähigt sie, ihn unmittelbar und direkt anzusprechen und ein Urteil über ihn zu fällen. Hauptsächlich

---

66 Hermann Schlösser, S. 120.

aber ist Sigûne mit ihrem eigenen Leid beschäftigt. Sie gesteht: „[...] ich muß ihn [Schiônatulander] im Tode lieben, so gut es geht" (329).

Die zweite Begegnung zwischen Parzivâl und Sigûne findet nach dem unglücklichen Besuch Parzivâls auf Munsalvaesche statt. „Ihr Haar war dünn, ihre Augen weit wie die einer Blinden. In der starken Gabel, wo die Linde ihre Äste teilte, lehnte sie wie in einem Nest. Sie hielt ein Bild im Arm. Es war die nicht ganz lebensgroße Figur eines Ritters in steifem blauem Kleid; dunkler blau war das ihre. Sein Gesicht war wie Wachs, ihres aber rot und weiß; rot die Augen, und leichenblaß der Mund" (505). Sigûne büßt ihre Schuld:

> „So gibt es für mich nichts anderes, als hier zu sitzen immerfort, überwältigt von meiner Treue zu diesem Mann, der jung bleibt im Tode, während ich hinfällig werde über ihm. Es war unheilig, daß ich im Leben nicht fragte: schläfst du bei mir? Dafür muß ich nun im Tode bei ihm wachen und darf seinen süßen Leib nicht lassen aus meinem Schoß, bis uns der Engel des Herrn in den seinen nimmt, und wir vereint getragen werden, wohin wir vereint gehören, in den Himmel oder die Hölle!" (506)

Sigûne hat es „verabsäumt *ihre* Grals-Frage („Schläfst du bei mir") an den Geliebten zu richten"[67] und versinkt nun in das Leid um Schiônatulander, sie „betrauert lebenslang ihren toten Liebsten. Als Piéta, den Leichnam des Freundes auf dem Schoß, sitzt sie von nun an im Text."[68] Trotzdem entsteht ein Gespräch mit Parzivâl, das ihm Orientierung bietet: „Für Parzival, der seine Verfehlungen ins Gesicht gesagt bekommt, beginnt nun die Phase der eigentlichen Selbstfindung, in der er mit sich und seiner Vergangenheit leben lernt."[69] Sigûne klagt Parzivâl an: „Hebt es weg von mir, Euer falsches Gesicht! Denn was ist meine Unterlassung gegen die Eure!" (509).

Die dritte Begegnung zwischen den beiden findet vor Parzivâls ‚Einkehr' bei Trevrizent statt, nachdem er seine Rüstung von Iwânet zurückerhalten und als „Blaues Wunder" ausgedient hat. Parzivâl will den Grâl finden und kommt an eine kleine Kapelle. „Das Gesicht [der Klausnerin] konnte er nicht erkennen, das sie ihm zuwandte, nur seine zerbrechliche Anmut, gerahmt auf beiden Seiten von langem Haar, das ihr bis zu den Füßen fiel" (626). Sigûne hat sich mit dem Sarg Schiônatulanders einmauern lassen und betet für ihn. Versorgt wird sie von Kundry, der Grâlsbotin, die ihr regelmäßig Nahrung bringt. Das Gespräch zwischen Sigûne und Parzivâl ist gleichzeitig von Schwermut, denn beide haben etwas falsch gemacht, und einer gewissen Leichtigkeit in Form von Galgenhumor, im Sinne der Anerkennung dieser Schuld, geprägt. Parzivâl erfährt, dass seine Mutter Herze-

67 Klaus Nüchtern: Der Gral, ein Wanderpokal. In: Stadtzeitung Wien, 23.-29.4.1993.
68 Hermann Schlösser, S. 120.
69 Carla Carnevale, 2005, S. 109.

loyde nach seinem Fortgang verstorben ist (vgl. 628). Während diese Szene bei Wolfram als Versöhnungs- und Rehabilitationsmoment beschrieben wird, steht bei Muschg die mitmenschliche Begegnung der beiden Leidtragenden im Vordergrund. Die ‚Rangordnung' hat sich zugunsten der Mitmenschlichkeit auf eine gemeinsame Ebene verschoben. Sigûne und Parzivâl begegnen sich nicht mehr nur noch auf der Ebene ihrer Herkunft ebenbürtig, sondern aufgrund dessen, weil sie beide ihr jeweiliges Schicksal annehmen. Beide sind von ihrem gegenwärtigen Tun überzeugt und sehen keine Alternative. Im Leben werden sie sich jedoch nicht wieder sehen, denn nachdem Parzivâl zum Grâlskönig berufen wird, seine Frau Condwîr âmûrs wieder getroffen hat und bei Sigûne einkehren will, findet er die Cousine tot. Dieses Mal sucht er sie bewusst, alle vorherigen Begegnungen der beiden entstanden zufällig, Parzivâl sucht nun den Weg zu ihr zu Fuß (vgl. 885) und findet sie vornüber gebeugt tot am Tisch sitzend. „Parzivâl verbrachte die Nacht auf der Steinbank vor dem Grabmal und hielt Totenwache für Mutter und Kind, Sigûne und Schiônatulander, bis zum anderen Ende der Nacht, dem Anfang des Morgens" (887).

Nachdem er am Morgen zu Condwîr âmûrs zurückkehrt, findet er seine Familie in einem Zelt zusammen. Auch hier wird ein Toter betrauert: „Der alte Mann, dem der Kopf auf die Brust gefallen war, lebte nicht mehr. Die Wache galt einem Toten" (887). Der Sterndeuter Kyôt von Katelangen, Sigûnes Vater, der die Geschehnisse der Fabel aus den Sternen lesen konnte - vielleicht, weil er drei Eier in seinem Wappen trägt? - und Begleiter Condwîr âmûrs war, hat zur gleichen Zeit wie seine Tochter die Lebenden verlassen. „Er sah mich vor sich sitzen, sagte Condwîr âmûrs leise, und zeigte mir zugleich am klaren Himmel, wie ich erlosch. Hinunter mußt du! sagte er, damit das Glück der Welt aufgehe in seiner Herrlichkeit. Sterben muß das Ewige Paar, damit das zeitliche Paar gesegnet sei und an seine Stelle trete. Der Stern des Bräutigams ist schon erloschen, und da! vor meinen Augen verglüht die Braut" (888). Condwîr âmûrs begreift, dass es sich um das sterbende (ewige) Paar Sigûne und Schiônatulander handelt, sowie um sich selbst und Parzivâl - das zeitliche Paar.

Zwischenbilanz: Helfer- und Kontrastfigur

Obgleich Sigûne in ihrem Leben andere Herausforderungen zu meistern hat als Parzivâl, kann sie als Wegweiserin und -gefährtin gelten, die dem Protagonisten an entscheidenden Stellen seines Weges beisteht, indem sie ihm wichtige Informationen zukommen lässt - ob auf konfrontierende oder „mit-tragende" Art und Weise spielt dabei keine Rolle. Sie ist eine „Helferfigur" und in gewisser Weise Mutterersatz für ihn. Ihr Lebensweg verhält sich spiegelbildlich zu dem Parzivâls: Als ihr Leben beendet ist und sie sich im Tod mit ihrem Geliebten Schiônatulander vereinigt, hat Parzivâl seine Identität gefunden. Seine Suche nach Grâl und Ehefrau wird zu gleicher Zeit wie Sigûnes Buße belohnt und beendet und eine gewisse Ruhe breitet sich in dem suchenden und irrenden Parzivâl aus.

Schiônatulander ist eine „Kontrastfigur" zu Parzivâl - er scheitert daran, ihn zu vertreten. Seine Bedeutung bekommt er durch Sigûnes Treue- und Schuldverhalten ihm gegenüber, denn er erliegt seinen Herausforderungen.

Nach Gahmurets Tod ist Herzeloydes Verhalten Parzivâl gegenüber von Verlust geprägt - Herzeloyde hat ihren Mann nie wirklich ‚besessen'. Auch Sigûnes Verhalten Parzivâl gegenüber ist von einem Verlust geprägt, der durch ihre nicht ausgelebte Liebe zu Schiônatulander zustande kommt. Verlust zeigt einen Mangel an, den die beiden Figuren durch Ersatz - im Fall Herzeloydes durch ihren Sohn und im Fall Sigûnes durch ihre lebensverneinende Treue ihrem Geliebten gegenüber, zu kompensieren versuchen. Beide Wege führen in den Tod - jedoch auf je spezifische Weise. Beide Paare, Herzeloyde und Gahmuret sowie Sigûne und Schiônatulander, sind von der Unterschiedlichkeit der Grâls- und Artûswelt geprägt und finden in ihrer Zusammengehörigkeit als Paar kein lebensfähiges Konzept - nachdem zuerst beide Männer versterben, schränkt sich das Leben der beiden Frauen so ein, dass auch sie auf den Tod zugehen. Für Parzivâl jedoch spielen die beiden Frauen eine wichtige Rolle; sie gehören zu den Primärfiguren auf seinem Werdegang, während die beiden Männer zu den Sekundärfiguren gehören.

Opfer und Erkennende: Jeschûte und Cunnewâre

Betrachten wir nun zwei lebensbejahende Frauen aus der Artûswelt: Jeschûte und Cunnewâre sind Schwägerinnen und machen auf unterschiedliche Art und Weise Bekanntschaft mit dem jungen, in die Welt ziehenden Parzivâl: Jeschûte ist Erecs Schwester und Orilus' Frau, sie ist das erste ‚Opfer' Parzivâls, obwohl auch sie etwas von seiner kindlichen Unschuld wahrnimmt. Nachdem er von seiner Mutter fortgeritten ist, vergewaltigt Parzivâl Jeschûte in ihrem Zelt, zu gleicher Zeit etwa, als Orilus gegen Schiônatulander antritt und der Geliebte Sigûnes sein Leben lassen muss. Jeschûte wird als tugendhafte und sinnliche Schönheit dargestellt und ist ihrem Mann zwar intellektuell überlegen,[70] muss jedoch seinen Geboten folgen. Cunnewâre hingegen ist Lähelîns und Orilus' Schwester. Sie lebt am Artûshof und ist Zeuge von Parzivâls erstem Auftritt unter Rittern. Sie ‚erkennt' den Helden Parzivâl unter seinem Narrengewand und bricht in ein erlösendes Lachen aus. Sie wird als wortgewandt, selbstbewusst und

[70] Vgl. Anabel Niermann, S. 120.

impulsiv geschildert.[71] Beide Frauen kommen durch Parzivâl in explizite Schwierigkeiten: Orilus behandelt Jeschûte nach Parzivâls ‚Überfall' ehrlos, entwürdigend und verstößt sie. Erst nach langer Zeit wird sie rehabilitiert, als Parzivâl auf dem Weg ist, die durch ihn geschlagenen Wunden zu heilen. Cunnewâre geht es nicht anders als Jeschûte: Als sie den Narren Parzivâl zu Beginn seines Auftretens am Artûshof erblickt, bricht sie in Lachen aus - das hat zur Folge, dass sie vom Hofmarschall Keie geschlagen und gedemütigt wird. Erst im Laufe der Zeit wird deutlich, wie Recht sie hatte: Parzivâl sendet als siegender Ritter immer wieder unterworfene Gegner zu ihr, denn er ist tatsächlich ein ritterlicher Held.

Betrachten wir die Handlung genau, wie kommt es zu den ‚Zwischenfällen'? Herzeloyde hat ihrem Kind, bevor es fort geritten ist, genaue Anweisungen in Bezug auf Frauen gegeben. „Wenn du das Ringlein einer edlen Frau gewinnen kannst, und ihre Gunst, so greif immer zu. Das hilft gegen Traurigkeit. Laß dich nicht bitten sie zu küssen, sondern pack sie in deine Arme. Wenn sie rein ist und gut, so machst du dein Glück und findest hohen Mut" (314). Zuvor hat Herzeloyde Parzivâls Heranwachsen mit seinem sexuellen Notstand, den er ihr gegenüber explizit thematisiert hat, nicht berücksichtigt (vgl. 281-284). Sie hat versucht, sein sexuelles Erwachen auf die Tierjagd mit dem Gabilot umzuleiten und umgeht im Verlauf der mütterlichen Ratschläge und Gebote dieses Thema. Parzivâl aber hält sich exakt an das Wort der Mutter. Und so kommt es zu einer ‚unschuldigen' Vergewaltigung, da Parzivâl nicht bewusst erkennt, was er tut, und Jeschûte das erste weibliche Wesen ist, das ihm nach den Jahren in Soltâne begegnet. Im Verlauf der Romanhandlung bekommt er jedoch die Gelegenheit, sich diese Schuld einzugestehen und sie wieder gut zu machen. Nachdem er in Munsalvaesche gewesen ist und von Sigûne seine Verfehlungen ins Gesicht gesagt bekommen hat, trifft er das unglückliche Paar Orilus und Jeschûte wieder - Jeschûte muss ihrem Mann fast ohne Kleidung und ohne Sattel auf einem Pferd folgen[72] - und es gelingt Parzivâl, den erzürnten Ehemann davon zu überzeugen, dass Jeschûte ‚unschuldig' schuldig wurde. Parzivâl besiegt Orilus, die Kampfmaschine, und erklärt: „Ich wußte gar nichts von der Welt, in die ich hineinsprang als ein Narr" (513), „ich war noch nicht einmal ich selbst" (516). Orilus bestätigt das und beschreibt Parzivâl bei seiner Begegnung mit Jeschûte: „Ein Niemand kam durchs Gebüsch, ein Fant, ein Knecht in Saustiefeln" (513) und auch er hat damit

[71] Vgl. Anabel Niermann, S. 119.

[72] Auch diese Szene belegt eine intertextuelle Referenz an die mittelalterliche Literatur: Sie erinnert an das Schicksal Enites in: „Erec" von Hartmann von Aue. Muschg lässt die beiden Helden am Artûshof zusammentreffen und über eine mögliche „Kopie" des Abenteuers debattieren (vgl. 519).

Recht. Parzivâl fordert nun von Orilus, dass er sich mit Jeschûte zu versöhnen habe und zu König Artûs reiten solle „um Frau Cunnewâre »Sicherheit« zu Füßen zu legen und sie für die Unbill zu entschädigen, die sie vom Hofmarschall Keie erlitten hatte, ihres Lachens wegen" (514). Schließlich versöhnen sie sich und Jeschûte wird wieder in den Stand einer Herzogin erhoben.

Cunnewâre wird ganz zu Beginn der Erzählung als Schwester Lähelîns eingeführt, die noch nie gelacht hat. „Die wird erst lachen, wenn der Heiland wiederkommt" (26) - und so geschieht es. Ihr Vater soll der Zauberer Klinschor sein (vgl. 27). Als Parzivâl zu König Artûs kommt, weil er ein Ritter werden will und die Rüstung Ithêrs verlangt, „da lachte es aus einer Person überlaut und konnte gar nicht mehr aufhören" (347). Alle Ritter, die Parzivâl in seinen späteren Kämpfen als Roter Ritter besiegt, zum Beispiel Orilus, Kingrûn und Clâmidê, werden zu Cunnewâre geschickt, damit sie von ihrer Schmach durch Keie befreit wird.

Zwischenbilanz: Opfer- und Erkenntnisfigur

Das Unheil, das den beiden Mittlerfiguren, den Damen aus der Artûsgesellschaft durch Parzivâl geschieht, wird im Verlauf des Romangeschehens gesühnt. Auf dem Erfahrungs- und Erkenntnisweg des Protagonisten bieten die Erlebnisse und Ereignisse mit diesen beiden Damen eine Plattform, die es Parzivâl ermöglicht, erste eigene Schritte zu machen. Ungeschickt, unwissend und unerfahren wie er ist, werden sie durch seine Fehler zu ‚Opfern'. Jeschûte ist eine klassische „Opferfigur", während Cunnewâre eine „Erkenntnisfigur" genannt werden kann, die Parzivâl in seiner wahren Heldenhaftigkeit unter seinem Narrenkostüm als erste erkennt, sonst aber keine weitere Rolle spielt. Parzivâl verhält sich letztendlich zu ihr wie ein echter Bruder - Lähelîn wird es ihm später danken! - „indem er ihr das Lachen wiedergab und alle von ihm besiegten Ritter zu ihr schickte."[73] Einer dieser besiegten Ritter ist Clâmidê, der durch Parzivâls Intervention schließlich Cunnewâres Mann wird. Jeschûte hingegen ist ein Opfer der lebensfeindlichen Erziehung Herzeloydes geworden und vergibt Parzivâl, weil sie erkennt, dass er nicht wusste, was er tat.

> „[…] selbst wenn sie [Herzeloyde] am Ende als eine Gescheiterte erscheint, der es nicht gelungen war, durch ihre weibliche Sexualität den Mann an sich zu binden, während ihr Sohn wegen mangelnder Kommunikations- und Erziehungsfähigkeit der Mutter diese unausgelebte Sexualität mit aller Gewalt wieder in die Welt hinausträgt und sogleich ein geschlechtliches Verbrechen an Jeschûte begeht, d.h. durch seine

[73] Carla Carnevale, 2005, S. 142.

absolute Selbstbezogenheit jegliche mögliche Beziehung zur Frau zerstört, weil er nur verletzend auf sie eingehen kann.“[74]

Jeschûte und Cunnewâre werden in der Erzählung zwar als ‚Rand- oder Nebenfiguren’ dargestellt, jedoch lässt sich eine inhaltliche sowie strukturelle Kongruenz in Bezug auf den Entfaltungsweg des Protagonisten konstatieren, denn die Begegnung mit ihnen und die Erfahrungen, die er mit ihnen und durch sie macht, sind keineswegs als marginal zu bezeichnen. Es sind Stationen - mit Folgen - auf dem Weg des Protagonisten zu sich selbst, der einen Weg aus der ‚Ver-wicklung’ zur ‚Ent-wicklung’ seiner Individualität sucht. Gerade in Bezug auf Frauen wird Parzivâl eine besondere Feinfühligkeit entwickeln.

Herr und Knecht: Ithêr und Iwânet

Um der Rote Ritter zu werden, braucht Parzivâl eine rote Ritterrüstung - noch reitet er auf seiner alten Mähre und in Sackleinen und Kalbsstiefel gekleidet (vgl. 312). Wie kommt es, dass er den unschuldigen Ithêr, König von Kukûmerland, so einfach niedersticht, um an die Rüstung zu gelangen? Ithêr ist der erste Ritter, dem Parzivâl nach seinem Aufbruch auf dem Weg zu König Artûs begegnet und genau so eine Rüstung, wie sie dieser gottgleiche, rote Ritter anhat, begehrt Parzivâl. Ithêr antwortet auf Parzivâls Muttergruß mit einer hohen singenden Stimme (vgl. 337) und bittet ihn sogleich einen Dienst für ihn zu tun, da er sich bei Königin Ginovêr wegen eines verschütteten Weinbechers schuldig gemacht hat. Parzivâl soll König Artûs ausrichten, dass Ithêr Genugtuung fordere. Parzivâl und der Leser erfahren, dass er Gahmuret gedient hat und mit Trevrizent ins Heilige Land gereist ist (vgl. 338). Parzivâl kann aber mit dieser Information nichts anfangen, der Leser jedoch erkennt, dass es sich bei Ithêr nur um einen Verwandten handeln kann. Das Gespräch zwischen den beiden ist von Missverständnissen geprägt, trägt aber zur Beschleunigung der Geschehnisse bei. „Deine Verkleidung ist superb! Wo hast du die Sauspieße aufgetrieben?“ (339) fragt Ithêr den staunenden Jungen.

Der Knappe Iwânet, der eine längere Rolle auf Parzivâls Weg zu spielen hat als Ithêr, der schon ungeduldig ist, führt Parzivâl in den Königshof.
„Aber laß mich nicht zu lange warten, sagte der Rote Ritter. - Warten ist der Tod für mich!“ (339).

„Der Knappe [Iwânet] musterte ihn [Parzivâl], und dabei geschah etwas Seltsames. Parzivâl sah sich plötzlich selbst durch die Augen des Fremden, sah sich im ver-

[74] Albrecht Classen, 2002, S. 19.

schnittenen Sack, den ungeschnürten Kalbsstiefeln und der Kappe zum Lachen; dazu schleppte er einen Lederköcher voll kurzer Spieße und hatte sogar einen in die Hand genommen, als suche er Streit oder müsse sich irgendwo festhalten. Nichts an ihm paßte in diese Welt, weder der geknickte Sattel unter seinem Hintern noch die brüchigen Stränge, mit denen er unter dem Bauch des Tieres festgezogen war, Parzivâl brach der Schweiß aus." (340/341)

Fast scheint es, als ob Parzivâl über sich zu reflektieren beginnt, weil es ihm in seiner Haut ungemütlich wird, aber die Ereignisse überschlagen sich schnell. Als er nach dem kurzen Besuch bei Artûs von Iwânet wieder herausgeführt wird, kommt es zu einem direkten und schnellen Gefecht mit Ithêr, denn Parzivâl verwechselt ihn mit Lähelîn und kennt sich in den Gepflogenheiten des Ritterlebens überhaupt nicht aus. Ithêr stirbt durch einen Stich mit dem Gabilôt ins Auge und Parzivâl hat nur ein Ziel: Er will dessen Rüstung besitzen. Dass ein König dafür sterben muss ‚tut ihm zwar leid, weil er nicht mehr singt' (vgl. 353), Parzivâl ist jedoch nicht in der Lage, seine Handlung zu reflektieren. Er präsentiert sich in dieser Szene willensstark, unbeugsam, gnadenlos, direkt, naiv und völlig ungebildet. Er bekennt naiv: „Ich will alle schlagen und keinem wehtun!" (356). Der Knappe Iwânet ist darüber zutiefst erschüttert, doch seine Neugier und Hilfsbereitschaft diesem dahergekommen Narren gegenüber überwiegen. Iwânet tritt als erster Lehrer auf und zeigt ihm, wie man die Rüstung anzieht und damit auf dem Pferd sitzt. Das Leben des Roten Ritters Ithêr hat ein schnelles Ende gefunden und Parzivâl präsentiert sich nun in dessen Rüstung, wodurch er zum Roten Ritter avanciert. Ist Ithêr ein weiteres Opfer der Erziehungsmaßnahmen Herzeloydes? Parzivâl bereut sein Handeln später - im Gegensatz zu Jeschûte und Cunnewâre aber, die im Laufe der Geschehnisse rehabilitiert werden, bleibt Ithêr tot. Das Verbrechen, das Parzivâl begangen hat, bezieht sich vornehmlich auf den Umstand, dass es ein Bruder-Mord ist, der nur noch metaphorisch gesühnt werden kann. Der Autor führt aus: „Der [Ithêr] war ihm nicht nur dem Blute nach verwandt, sondern auch im Ritterwesen verbrüdert: denn Ither war Knappe Gahmurets, also die erste Spur des verlorenen Vaters. Indem Parzival sie zur Blut-Spur macht, muß er hineintreten und ihr folgen. Er muß *werden*, was der Erschlagene war: der Rote Ritter, Schritt für Schritt" (ZN 64).

Obgleich die Begegnung mit Iwânet unbeholfen und kurz ist, erhält er Parzivâls Freundschaft - er ist derjenige, der ihm immer wieder in eine andere Rolle verhilft, mittels entsprechender Kleidung. Sie begegnen sich wieder, als Parzivâl in die Tafelrunde am Artûshof aufgenommen werden soll, jedoch durch die Verkündigung seiner Verfehlung auf der Grâlsburg durch Kundry schnell wieder das Weite suchen wird. Wieder ist es Iwânet, der ihm treu und verschwiegen zu einer neuen Rolle verhilft: Parzivâl legt die rote Rüstung ab, legt einen falschen Bart an, zieht eine Perücke auf und folgt in einfaches Sackleinen gekleidet (vgl. 563) unerkannt dem Tross Gâwâns als „Blaues Wunder“. Dies ist das

> „Resultat einer persönlichen Einsicht in ein bislang sinnloses, nutzloses, gesellschaftlich parasitäres Leben und in die Verstrickung der Mechanik der Gewalt und des Tötens, die die Ritterwelt prägt, wenn er [Parzivâl] sich entschließt, auf diese Weise Welt und Gesellschaft aus der Perspektive der subalternen Klassen und des werktätigen Lebens zu erfahren, sich im praktischen Leben zu üben und zu bewähren.“[75]

Als Parzivâl nach diesen Erfahrungen zurückkehrt, bringt ihm Iwânet seine Rüstung und sein Pferd wieder (vgl. 623) - er kleidet sich ein drittes Mal um, um in seine Rolle als Roter Ritter zurückzukehren, denn er erkennt, ich „muß an die Stellen zurück, wo mein Leben offen geblieben ist. Und beim Grâl ist es eine Wunde geworden, die muß ich verschließen“ (624). Iwânet ist Parzivâl ein treu dienender Freund wenn sie einander begegnen und er erfüllt ihm seine Wünsche, so gut er es vermag.

Die beiden sehen sich am Plimizöl wieder, kurz bevor Parzivâl zum Grâl berufen wird, denn Iwânet ist weiterhin Kammerdiener bei Artûs. Nun muss er keine Verkleidungsdienste mehr leisten, sondern begleitet seinen heldenhaften Freund auf dessen Erkundigungszug durch das Lager. Iwânet ist des Schreibens kundig und begleitet Parzivâl von einer Arbeitsstätte zur anderen und schreibt die Antworten auf, die ihnen die tätigen Menschen über ihre Arbeiten geben. „Es geht darum, daß Parzivâl fragt. [...] er fragt jeden Mann und jede Frau, die bisher für die Fabel nur eine einzige Eigenschaft hatten: schweigend benötigt und glatt übersehen zu werden“ (810/811).

Zwischenbilanz: Opfer- und Helferfigur

Während Ithêr Parzivâl lediglich mit seiner Rüstung dienen kann, bzw. muss - und dabei sein Leben verliert, was Parzivâl später sehr bereut -, ist Iwânet durch seine unumschränkte Dienstfertigkeit zu charakterisieren. Er ist ein Knecht, der Parzivâl - obwohl er nicht sein Herr ist! - stets zu Diensten steht und gleichzeitig sein Vertrauen genießt. Er ist sein Komplize, wenn es darum geht, verschiedene Rollen im Leben zu spielen und leistet ihm dafür jeweils entsprechende Einkleidungsdienste. Die beiden Mittlerfiguren verhelfen Parzivâl auf ihre Weise, Normen und Werte zu erkennen. Ithêr opfert dafür sogar sein Leben, während Iwânet in der Lage ist, innerhalb seiner Möglichkeiten Hilfsdienste zu leisten.

---

75 Walter Raitz, S. 331.

Lehrmeister und -meisterin: Gurnemanz und Lîâze

Nachdem Parzivâl von Herzeloyde fort geritten ist, Jeschûte und Sigûne begegnet ist, beim Fischer übernachtet und dann den Artûshof zu Nantes erreicht hat, Cunnewâre gelacht hat und Ithêr erstochen worden ist, damit Parzivâl sich die Rote Rüstung mit Hilfe des Knappen Iwânet anziehen konnte, erreicht der jugendliche Held, zwei Tage nach dem Fortritt von seiner Mutter und nach einem langen Tagesritt, seinen Lehrmeister Gurnemanz und dessen Tochter Lîâze. Damit befolgt Parzivâl den letzten Ratschlag seiner Mutter, nämlich, einen ‚Graukopf' zum Lehrer zu nehmen (vgl. 314). Vieles hat Parzivâl erlebt, was zu verarbeiten ist, und vieles soll er in Grâharz neu lernen. Eine ‚offizielle' Lehrzeit beginnt, in der er auch über bereits Erfahrenes reflektiert.

Gurnemanz ist ein Verfechter des klassischen Rittertums, das nicht unbedingt darauf aus ist zu siegen, sondern vielmehr anstrebt, es ‚richtig' zu machen. Dies zeigt sich schon im Turnier von Kanvoleis zu Beginn des Romans, als Gurnemanz durch ein Gespräch mit Lähelîn eingeführt wird (vgl. 31 f). Schon manchem Anwärter auf Ritterschaft hat Gurnemanz Dienste geleistet und ihn ausgebildet - so zum Beispiel Gâwân (vgl. 383). Gurnemanz ist Witwer, „an seinen Falken übt er die Kunst, Leid zu tragen, ohne seine Last einen anderen fühlen zu lassen" (31), er betreibt eine Falknerei und lehrt ritterliche Erziehung. Seine drei Söhne sind im Kampf gefallen, nun lebt er mit seiner Tochter Lîâze allein auf der Burg Grâharz.

Müde und ausgezehrt trifft Parzivâl auf Gurnemanz, den Erzieher und Falkner par excellence (vgl. 77), der mit einem sachkundigen Blick erkennt, dass er diesem Jüngling schützend und belehrend beizustehen hat. „Das Technische der Ritterschaft hatte Parzivâl an einem Nachmittag heraus", und „er machte es gleich besser" (377) als sein Lehrer. Gurnemanz erweist sich als Vaterersatz und führt ihn neben der tadellosen Ritterschaft auch in Umgangsformen der höfischen Gesellschaft ein. In seiner Falknerei erfährt Parzivâl, dass ausfliegende Vögel auch zurückkommen können, was ihn an seine Erlebnisse in Soltâne erinnert. Parzivâl betritt in Grâharz zum ersten Mal eine Kirche und betrachtet verwundert „das Bild eines totgestochenen Mannes" (367), auf das die Handlungen in der Zeremonie ausgerichtet zu sein scheinen. Parzivâl erfährt, wer Gahmuret ist, der ihn „gevatert" (383), aber nicht zum Ritter erzogen hat. Er ist betroffen und empfindet Traurigkeit darüber, keinen Vater zu haben, was ihn jedoch letztlich dazu führt, sein Leben in die eigenen Hände nehmen zu wollen (vgl. 387). Doch vorher gilt es noch Schmerz und Krankheit kennenzulernen, was ihm einige Stunden mit der jungen Tochter Lîâze, die eine Cousine Condwîr âmûrs ist, verschafft. Die junge Dame wird folgendermaßen beschrieben:

„Jetzt, da Lîâze keine Schleierhaube trug, war ihr Gesicht zur Hauptsache geworden. Es war streng und zart. Die Strenge saß in der Oberlippe, die der Unterlippe zurückzutreten gebot; sie formte das Kinn und blickte aus grauen, von nur angedeuteten Brauen überwölbten Augen. Die Zartheit zog sich über einen langen schlanken Hals hin in den Schatten des Kleides. Daß unter dem blauen Samt frische Äpfel gediehen, durfte sich kein Mensch mehr vorstellen. Das Loseste an ihr war eine helle Haarflechte, die nicht mit aller Strenge unter das Festkäppchen zurückgestrichen war. Die Stirn, in ihrer Zerbrechlichkeit fast besorgniserregend, konnte man auch gebieterisch finden. Nur die Nase hatte etwas Zutrauliches, denn sie buckelte sich eine Spur und gedieh am Ende zu einem Knöllchen. Um die Nasenspitze herum schien das Fräulein ganz menschlich. Sie versuchte, sich nicht im Profil zu zeigen, und saß mit hochgepolsterten und bestickten Schultern leicht zum Vater gewendet, der sie mit seinen Kosenamen zudeckte.“ (380)

Parzivâl hat sich, ausgerechnet bei einer Tjost mit weiblichen Zuschauern, das Knie verletzt und muss das Bett hüten. „Ihr seid noch nie krank gewesen? sagte der andere [Gurnemanz], also bereitet Euch, wieder etwas Neues zu erfahren“ (401). Lîâze ist es nun, die ihn pflegt und ihrem Schützling aus der Schöpfungsgeschichte vorzulesen beginnt - ähnlich, wie Sigûne Schiônatulander vorgelesen hat - und es entwickelt sich eine kindlich-spielerische Liebe - Minne - zwischen den beiden. Parzivâl hat das erste Mal die Gelegenheit längere Gespräche mit einem weiblichen Wesen - abgesehen von seiner Mutter - zu führen. Sie sprechen über die ersten Menschen, Frauen und Mütter, Sühne und Erlösung, Sünde und Gewissen, Gott und den eigenen Verstand. Parzivâl gerät ob der großen Begriffe, deren Bedeutung, und dem liebreichen Ansehen seiner jungen Freundin in eine tiefe ‚Verwirrung' (406) und bricht zum dritten Mal, seit seinem Fortritt aus Soltâne, in Tränen aus (413), was auf eine tiefe seelische Erschütterung hindeutet.[76] Hervorzuheben ist der Umstand, dass Parzivâl im Verlauf der Gespräche mit Lîâze erkennt, dass er ein „Anfänger“ (399) ist und „er begann zu fassen, daß [die Welt] missverständlich war“ (407), für Parzivâl „ging ein Riß durch alle Dinge“ (407). Im Gespräch mit Gurnemanz bekennt er, dass er nichts kann. Doch der Lehrer antwortet Ihm: „Ihr seid Parzivâl. Und Ihr könnt nicht nichts, nur alles noch nicht. Ihr braucht auch nicht alles zu können. Mit diesem Wunsch würdet Ihr Euch nur hindern, das wirklich zu lernen, was Ihr könnt. Ihr werdet eines Tages das Eure können, und das reicht für ein Leben. Denn ihr seid Parzivâl“ (399). Nebenbei schärft er ihm ein, generell nicht zu viele Fragen zu stellen, sondern höfische Zurückhaltung zu üben.

So lernt der junge Held bei Gurnemanz Ritterschaft und Benehmen, erleidet und empfindet Schmerz, Scham und aufkeimende zarte Liebesgefüh-

[76] Das erste Mal kommen ihm die Tränen in der Begegnung mit Jeschûte (vgl. 321), das zweite Mal im Gespräch mit Iwânet nach seinem Totschlag an Ithêr (vgl. 355).

le und er erfährt etwas über seine Herkunft väterlicherseits, bevor er sich wieder auf den Weg in die Welt macht. Denn „inzwischen zweifelte Parzivâl, ob der Graukopf der Mann sei, den Knoten zu lösen, zu dem die Welt sich verschlungen hatte, oder ob er nicht ebenfalls an der Verwirrung teilnehme und sie befördere, bei bestem Willen“ (407). Gurnemanz und Lîâze hatten gehofft, dass der sich entwickelnde junge Held bei ihnen bleiben würde - um Lîâze zu heiraten und Gurnemanz ein würdiger Schwiegersohn zu sein - doch sie lassen ihn ziehen als sie erleben, dass Gurnemanz im Kampf gegen ihn stürzt. Parzivâl ist es ernst, er verabschiedet sich gebührlich und zieht fort.

Zwischenbilanz: Lehrerfiguren

Lîâzes Rolle ist deutlich: auf dem Weg die Liebe und das weibliche Wesen kennen zu lernen, ist es für Parzivâl hilfreich, nach seinem Erlebnis mit Jeschûte, quasi als Kontrast dazu, Zeit mit Lîâze zu verbringen. Erst danach ist er äußerlich und innerlich in der Lage seine Frau Condwîr âmûrs wirklich zu lieben. Außerdem ist Lîâze seine Lehrmeisterin auf religiöser Ebene - mit ihr führt er die ersten tieferen Gespräche. Für die junge Dame selbst kommt der Trost spät. Erst als Parzivâl in Munsalvaesche eingezogen ist, wird im Roman wieder über die beiden so unterschiedlichen Lehrmeister gesprochen. Lähelîn ist es, der Nachrichten aus Grâharz bringt (vgl. 956): Gurnemanz ist verstorben, hat jedoch noch vernommen, dass Parzivâl den Grâl gefunden hat, und Lîâze ist im Begriff zu heiraten. Auch dieser Umstand fällt mit dem Zeitpunkt der Individualisierung Parzivâls zusammen.

Die Rolle Gurnemanz’ ist schwieriger zu bewerten, obwohl auch er, so wie Lîâze, zu den Primärfiguren auf Parzivâls Weg gehört. Sein Zurückhaltungsgebot führt zum Versagen Parzivâls auf der Grâlsburg. Muschg insistiert in seinem Kommentar: „Ohne seinen Fehlstart hätte Gurnemanz, der Graukopf, an ihm nicht genug zu bessern gefunden. Doch zeigt sich der Erzieher in aller Biederkeit als der nächste Gegenspieler des Helden. Denn: hätte dieser das ritterliche Zurückhaltungsgebot nicht beherzigt, so hätte er die nötige Frage an den Gralskönig nicht versäumt“ (ZN 57). Zu konstatieren ist jedoch, dass die Lehre der beiden gut gemeint war. Gurnemanz ist ein Vaterersatz für Parzivâl und ritterlicher sowie weltlicher Lehrmeister. Parzivâl muss lernen, das Gehörte zu individualisieren und sich zu eigen zu machen - aber dieser Zeitpunkt scheint noch nicht gekommen zu sein. Parzivâl lässt sich treiben, das Pferd führt ihn und er gelangt zur ‚Hungerburg’ nach Pelrapeire.

Geliebte und Gehasste: Condwîr âmûrs und Kundry

„Sie [Kundry] hat sich erfrecht mit deinem [Condwîr âmûrs] Namen aufzutreten. Sie hat deine Augen. Und jetzt verfolgt sie mich [Parzivâl] bis in den Traum." (937)

Parzivâl kommt nach Pelrapeire und bietet seine Dienste an, da er erkennt, dass es in dieser Stadt nicht zum Besten steht. Condwîr âmûrs regiert die Stadt mit Hilfe ihrer Oheime Kyôt und Manpfilyôt und versucht sie gegen Clâmidê und sein Heer zu verteidigen, weil sie ihn nicht heiraten will. Kyôt hat das Eintreffen Parzivâls vorhergesehen: „Ihr seid der Bestimmte, sagt er. Ihr wurdet hergeführt. [...] Und er sagt, mit Euch komme das Ende aller Not" (444). „Erstmals wird hier Parzivâls Erlöserfunktion, die schon in Cunnewâres Schwur und Herzeloydes Hoffnung auf einen zukünftigen Messias angesprochen wurde, durch eine Aufgabe konkretisiert: Parzivâl soll die Stadt retten."[77] Und das tut er auch. Er besiegt die Belagerer und wendet sich der Herrscherin zu. Als er sie das erste Mal, bei seinem Einzug in die Stadt, sieht, denkt er, dass er „ein Gnadenbild", die „Muttergottes" oder gar Lîâze vor sich hat:

> „Ein feiner Hauch kam ihm entgegen; und als er sein Gesicht hob, trafen seine Lippen ein anderes Lippenpaar, das war fein und trocken, und er fühlte ein Rißchen darin. Er sah das Gesicht, das ihn so berührt hatte, und erschrak noch mehr. Da stand Lîâze, nur schmaler geworden, durchsichtiger, ihrer Strenge entkleidet, dürftiger und herrlicher, eine Bettlerkönigin. Sie sah ihn an, fest und vertrauensvoll." (433)

Bei genauer Textanalyse lässt sich feststellen, dass die Ähnlichkeit zwischen der Lîâze- und Condwîr âmûrs - Handlung expressis verbis nur darin besteht, dass beide Parzivâls Pelzfutter an seinem Hals nach außen kehren (vgl. 411 und 434), trotzdem zeigt sich eine Affinität zwischen den Szenen. Für Parzivâls Entwicklung muss die zarte Verbindung zu Lîâze als eine Vorbereitung auf die Begegnung mit Condwîr âmûrs gewertet werden. „Hatte er sich zu Beginn seiner ‚Menschwerdung' an Jeschute vergangen und später bei Liaze keusche Minne erfahren, so lernt er nun durch die dritte Frau, die seine Gattin wird, geistige und körperliche Liebe miteinander zu vereinen."[78]

Parzivâl kann die Belagerer besiegen und Condwîr âmûrs wird seine Frau.

> „Er machte es *anders*. Er tat es dem Vater gleich in starrender Männlichkeit - und tat es ihm so ungleich wie möglich. Er war unerfahren - und verhielt sich wie ein Mann, der Erfahrung hat mit Frauen, und zwar die empfindlichste. Er umarmte Condwîr âmûrs; er schlief bei ihr, aber *mit* ihr schlief er nicht. Nicht in dieser Nacht, und auch

---

[77] Anke Wagemann, S. 205.

[78] Carla Carnevale, 2005, S. 102.

nicht in der nächsten. Er hielt seine Erstarrung aus. Und was ihn befähigt hätte Condwîr âmûrs zu erkennen - dies eben schützte ihn davor, und sie." (453)

Drei Nächte liegen sie beieinander: „Nun zahlte er die Schuld an Jeschûte in der ersten Nacht, an Lîâze in der zweiten, er zahlte sie der dritten Frau. Und so war sie die Seine, bevor sie es auch dem Fleische nach wurde, in der dritten Nacht" (454). Carla Carnevale nennt den ungewöhnlichen Vorgang folgendermaßen: Er „mußte ihr erst Freund und Bruder werden, bevor er in der dritten Nacht ihr Ehemann wurde."[79] Und Adolf Muschg fügt hinzu: „Der ritterliche Humor des Romans verbietet die pfäffische Vermutung, daß der Held in diesen ersten zwei Nächten *Buße* leistet. Strukturell tut er viel weniger und viel mehr: er macht gut. Er macht es besser als Gahmuret mit Belakane, und besser, natürlich, als Parzival selbst zuvor mit Jeschute" (ZN 58). Obgleich Parzivâl es anders macht, erinnert die Hochzeit der beiden auch an die Vermählung von Herzeloyde und Gahmuret.[80]

„In diesen zwei Nächten, in denen Parzivâl Condwîr âmûrs umfing, ohne in sie zu dringen, zahlte er zum ersten Mal für Schulden und Schuld. Und nahm auch, ihm selbst nicht bewußt, das Geheimnis seiner Eltern mit. Er machte die Liebe erfüllbar, deren Frucht er war. Er wurde mit sich selbst verwandt in diesen drei Nächten; und so wurde er es mit seiner Frau. Sie durfte ihm Schwester und Mutter geworden sein, bevor sie die Einzige wurde: seine Frau." (454)

Im Verlauf der weiteren Handlung werden sich Parzivâl und Condwîr âmûrs Vertraute, sie finden Kosenamen füreinander: ‚Kundry' und ‚Friedel' (461), so dass der Protagonist das erste Mal in voller Bewusstheit über seine Vergehen sprechen kann. „Kundry, sagte er, ich bin ein Mörder, und meine Rüstung habe ich gestohlen. Ich habe einer Frau Gewalt getan und wußte es nicht einmal" (462). Obgleich Parzivâl auch Gurnemanz von seinen Vergehen erzählt hat, ist dies jedoch der erste Moment in seiner Entwicklung, in dem er kritisch reflektiert - nun erkennt er die Bedeutung dessen, was er getan hat. Condwîr âmûrs hört ihm zu und fällt kein Urteil über ihn.

Der Kosename ‚Friedel'[81] ist ein unspezifischer Ausdruck der Liebe an den Geliebten,[82] während der Name ‚Kundry' eine deutliche Referenz an die Grâlsgesellschaft anklingen lässt, denn es ist auch der Name der Grâlsbotin

---

79 Carla Carnevale, 2005, S. 139.

80 Sowohl Condwîr âmûrs als auch Herzeloyde führen ihren Mann zu einem mit Kerzen erleuchteten Bett und halten in der Hochzeitsnacht keinen Beischlaf.

81 Mhd. *vriedel* oder auch *vrîdel* bedeute im Nhd. „Liebster, Geliebter" aber auch „Gatte" und „Bräutigam". Vgl. Matthias Lexer: Mittelhochdeutsches Handwörterbuch. Band III, Sp. 513.

82 Vgl. Anabel Niermann, S. 205.

und weist auf semantischer Ebene auf das Wort ‚Kunde' hin. (Die Grâlsbotin Kundry ist die Überbringerin der Kunde, die der Grâl verkündet.) Mit diesem Namen wird Condwîr âmûrs in die Nähe des Grâls, und somit des Gewissens Parzivâls gerückt, und es verwundert auch nicht, dass sie ihrem Gatten vorschlägt: „Wenn du willst, so finden wir ihn zusammen." Dies wehrt Parzivâl jedoch ab, denn: „Der Grâl ist nichts für Frauen" (472), er ist, wie Iwânet später zu Parzivâl sagen wird: „ein Bild für unsere Seele, beziehungsweise das Fünklein darin" (624). Es gilt für Parzivâl, sich mit seiner Frau um Regierungsgeschäfte zu kümmern und die heruntergewirtschaftete Stadt wieder aufzubauen. „Parzival lernt nicht nur, wie schwierig es ist, Mann und Frau in einer Ehe gleichrangige Partner werden zu lassen, sondern auch, sich im Zuge der Regierungsgeschäfte mit dem Kronrat politisch zu einigen."[83] Parzivâl gelingt es in Pelrapeire nicht, sich als Herrscher zu profilieren und zu positionieren, er fühlt, dass er noch einen anderen inneren Auftrag zu erfüllen hat. In der Nacht, als er die beiden Zwillinge Kardeiz und Loherangrîn zeugt, spricht er im Schlaf vom Grâl. Und so kommt es, dass er nach drei Jahren Brôbarz verlässt. Der tiefere Grund des Aufbruchs sind seine Selbstzweifel und das unbestimmte, beunruhigende Gefühl, sich noch einmal auf den Weg machen zu müssen, um Weiteres zu lernen, weil er innerlich noch nicht den Platz eingenommen hat, den ihm sein Schicksal bestimmt. „Ja, sie [Condwîr âmûrs] hat es gewusst. Sie hat es kommen sehen, seit jenem Mittag, und der Mittagsruhe danach, als er mit nassem Gesicht einschlief an ihrer Brust" (485). Als Grund nennt Parzivâl den Wunsch, seine Mutter zu besuchen.

Als Parzivâl nach seinem Erlebnis in Munsalvaesche an den Artûshof kommt, wird die freudige Stimmung durch das Auftauchen einer mysteriösen Frau, der „Große[n] Unbekannten" - „Kundry, Botin des Heiligen Grâls" (553) - getrübt:

> Sie ist „[...] ein verwachsenes Wesen, eine Kreatur von ungeahnter Häßlichkeit. Klein und gekrümmt saß sie auf einem Maulesel [...]. Die Person trug einen Seidenmantel mit Kapuze nach flämischer Art, und ihr Unterkleid floß von blauer Seide. Auf dem Buckel schwankte ein Pfauenhut aus bester Londner Werkstatt, gefüttert mit golddurchwirkter Seide. Über die Krempe hing ein schwarzer Borstenzopf bis auf die Kruppe des Reittiers. In der Klaue, deren Nägel schwarz waren, hielt sie eine Peitsche mit Rubinknauf und silbernen Schnüren.
> Ihr Gesicht ließ die Zuschauer erstarren. Die Nase, weit vorgestreckt, war die eines Hundes; aus dem halboffenen Maul lugten Reißzähne, die sich auf die unteren Lippen setzten, wenn sie die oberen straffte zu einem schrecklich-traurigen Grinsen. Die Ohren, rund und haarig wie die eines Bären, standen ihr weit vom gelben Schädel ab.

[83] Carla Carnevale, 2005, S. 104.

Brauen - oder sollten es Wimpern gewesen sein? - ragten, zu wächsernen Zöpfchen geflochten, bis zum Stirnband hinauf. Die Augen blickten nackt und klug." (554)

Neben dem abschreckenden Äußeren werden aber auch Kundrys Wissen der Astronomie und ihre seelische Sensibilität dargestellt. Ihre Klugheit drückt sich zum Beispiel dadurch aus, dass sie in drei Sprachen spricht (vgl. 555). Ihre Augen erinnern Parzivâl an seine Frau: „Die grüngrauen Augen schnitten ihm bis ins Mark. Es waren die Augen seiner Frau" (554). Kundry hebt die Vergehen des Protagonisten nicht nur für ihn selber in das Bewusstsein, sondern für den versammelten Artûshof. Obgleich von hässlicher Gestalt und ohne direkte Zugehörigkeit zum Artûshof, werden ihre Worte respektiert. Sie spricht aus, dass Parzivâl ein Frauenschänder, Räuber und Mörder sei (vgl. 555), und, dass er das alles entscheidende Wort, sein Mitgefühl (für den leidenden Anfortas), nicht ausgesprochen habe.[84] Parzivâl bestätigt die Worte der Grâlsbotin, während er ihr in die Augen blickt. Durch diese Tatsache erkennt er die Richtigkeit der Vorwürfe an. Im Unterschied zu Parzivâl reagiert die Artûsgesellschaft auf die Anschuldigungen, die dem Roten Ritter gemacht werden, kaum, sie „höfisiert blasiert dahin."[85] Er selber ist es, der persönliche Konsequenzen daraus zieht, denn er fühlt die Wunden, die er geschlagen hat, in seiner Seele brennen. „Ausgelöst wird seine Einsicht durch Kundrys Fluch, die ihn vor der versammelten Artûsgesellschaft wegen seines bisherigen verfehlten Lebens, das ja ironischerweise ganz nach den Gesetzen der Artûsgesellschaft verlaufen war, anklagt als Frauenschänder, Räuber und Mörder, der, zudem ohne Mitgefühl für die Leiden der anderen, unter Menschen nichts zu suchen habe."[86] Aus der vorangestellten Schilderung der Szene lässt sich schlussfolgern, dass Kundrys Auftritt als Moment der Bewusstwerdung und der endgültigen Anerkennung seines Schicksals gewertet werden kann. Parzivâl befindet sich am Tiefpunkt seines inneren Entwicklungsweges, weiß aber nun, woher seine innere Verzweiflung rührt. Der ‚Rote Ritter' ist er nur äußerlich, nun sucht er einen Weg, auch innerlich zum ‚Roten Ritter' zu avancieren.

Condwîr âmûrs wird ihren Gemahl Parzivâl erst wieder sehen, wenn Kundry, die Grâlsbotin, ihn freigesprochen hat, was bedeutet, dass Parzivâl gereift ist, Bewusstsein über sich erlangt hat und ein eigenständiger

---

[84] Bei Wolfram wird Parzival im Namen Gottes verflucht (vgl. PZ 316,23), bei Muschg hingegen wird der Protagonist durch Kundrys Worte lediglich aus der menschlichen Gemeinschaft verstoßen. Für die gesamte Muschg'sche Version gilt, dass die heilsgeschichtliche Dimension zugunsten von mit- und zwischenmenschlichen Elementen der Selbsterkenntnis und des Umgangs untereinander zurücktritt.

[85] Walter Raitz, S. 331.

[86] Ebd.

Mensch geworden ist. Dieser Entwicklungsschritt zeigt sich äußerlich wiederum am Artûshof, nachdem Parzivâl mit seinem Freund Gâwân und seinem Bruder Feirefîz gekämpft hat. Kundry, die „abenteuerliche Gestalt" reitet aufs Neue im Kreis ein, diesmal in einer feierlichen Kostümierung, bleibt dann vor Parzivâl stehen und verkündet: „Nimm dein Herz in beide Hände! rief sie. - Freue dich! Auf dem Stein ist ein Name erschienen: deiner. Parzivâl! Der Grâl beruft dich zu seinem Herrn!" (825). Auch Condwîr âmûrs und die beiden Zwillinge Kardeiz und Loherangrîn werden berufen mit auf die Grâlsburg Munsalvaesche zu kommen. „Es bleibt nichts übrig, als daß du kommst und die rechte Frage stellst. Sprich nur ein Wort, so wird seine [Anfortas] Seele gesund, und sein Leib beginnt wieder zu blühen" (826). Diese Nachricht wirkt wie ein Wunder, denn zuvor war daran gemahnt worden, dass die Gelegenheit Anfortas zu heilen nur dann bestanden habe, wenn Parzivâl bei seinem ersten Besuch *die* Frage des Mitleids gestellt hätte. Wiederum wird die Szene mit Kundry so präsentiert, dass sie wie das eigene Gewissen des Protagonisten Parzivâl erscheint. Parzivâl hat seine Sünden gesühnt und darf nun ein zweites Mal in die Grâlsburg einziehen. Diesmal wird er von Kundry geführt, die dann, als der kleine Zug in die Mauern der versteckten Burg einzieht, wie vom Erdboden verschluckt wird (vgl. 846).

Dafür taucht im Text an dieser Stelle aber Condwîr âmûrs wieder auf. Sie hat sich mit Lähelîn auf den Weg gemacht, um sich mit Trevrizent, dem Einsiedler, zu beraten, der in der Nähe der Grâlsburg verweilt. Nach seinem Einzug nach Munsalvaesche macht sich auch Parzivâl auf den Weg, um seine Frau wieder zu treffen - und sie begegnen einander in der Flusslandschaft Plimizöl wieder, in der sich einst die so genannte Blutstropfenszene (vgl. 529) abgespielt hat, und Parzivâl sich seiner Sehnsucht nach Grâl und Ehefrau bewusst geworden ist. Obgleich sich die Eheleute nach mehr als vier Jahren liebevoll und einander zugeneigt begegnen, muss sich Parzivâl auch einigen kritischen Bemerkungen aussetzen und das Vertrauen seiner Kinder erwerben. Parzivâl und Condwîr âmûrs führen eine gleichberechtigte Partnerschaft, in der sie als Vertraute auf ebenbürtiger Ebene miteinander kommunizieren. So hat der Protagonist Parzivâl in seiner Frau einen Gegenpart seines Selbst' gefunden, wodurch er seine Erlebnisse, Fragen und Nöte verbalisieren kann. Durch diese Tatsache verwundert es nicht, dass Condwîr âmûrs, die Grâlskönigin, mit dem Niedergang der Grâlsburg Munsalvaesche einverstanden ist und mit dem Zusammensein mit Mann und Kindern vorlieb nimmt.

Zwischenbilanz: Unterstützungs- und Richtfigur

Condwîr âmûrs präsentiert sich als moderne Frau, die zwei Kinder alleine erzieht, sie ist erschöpft und stellt Munsalvaesche als Wohnung für sich und ihre Kinder in Frage (vgl. 900). Im Gegensatz zu Herzeloyde, die sich in ihrem Lebenslauf, ihren Werten, Normen, Haltungen und Eigenschaften deutlich von dem Condwîr âmûrs unterscheidet, ist Parzivâls Frau von demokratischen Werten überzeugt, die sie auch ausdrückt. Aus persönlicher Freiheit und eigenem Entschluss ist sie bereit, mit Parzivâl nach Munsalvaesche zu ziehen und bringt sich dabei als kluge Beraterin ein. In einem Gespräch mit Gâwân gesteht Parzivâl später: „Man muß reden lernen mit Taten, und das Beste, was es dabei zu lernen gibt, erfährt man von seiner Frau. Denn die hat es schon zuvor gewusst" (983). Muschg präsentiert Mutter und Ehefrau Parzivâls deutlich kontrastierend: „[...] Herzeloyde [wirkt] bei allen Begegnungen egozentrisch und berechnend. Dabei tritt sie öffentlich erst als Königin, dann als liebende Ehefrau auf, in privaten Begegnungen als Grâlsangehörige, unglücklich Liebende und als emanzipierte intelligente Frau gegenüber der Mutter Gottes und Klinschor."[87] Im Gegensatz dazu wird Condwîr âmûrs als eigenständig, autark und in sich ruhend beschrieben. Auch sie ist Königin und allein erziehende Mutter, präsentiert sich aber kommunikativ, liebevoll, selbstständig und ihr Verhalten ist von unkonventionellen Handlungen bestimmt, die in Bezug auf ihre Person individualisierend wirken. Sie ist eine liebende und verstehende „Unterstützungsfigur" für den Protagonisten, der in ihr Schwester, Mutter und Frau bekommt. Die Grâlsbotin Kundry ist im Gegensatz dazu eine „Richtfigur". Sie repräsentiert Parzivâls Gewissen und seine Schattenseiten. Sie präsentiert sich als Spiegelfigur zu Condwîr âmûrs. Auf diese Weise ergänzen sich Primär- und Sekundärfigur in Bezug auf Parzivâls Entfaltungsweg.

Königin und König: Ginovêr und Artûs

„Nein, auf der harten Erde ist wohl kein Friede zu stiften, auch nicht zwischen Mann und Frau." (51)

Als Herrscherpaar der Artûsgesellschaft ist die Orientierung von Rittern und Damen stets auf Artûs und Ginovêr gerichtet. Sie gelten als Maßstab und richten über Recht und Unrecht in der ritterlichen Welt. Vier Mal begegnet Parzivâl ihnen, zwei Mal willentlich und zwei Mal scheinbar zufällig. Die Besuche am Artûshof stellen jeweils wichtige Markierungen auf seinem Entfaltungsweg dar. Zunächst ist an die Szene des Ithêr-Totschlags

[87] Anabel Niermann, S. 155.

zu Nantes zu erinnern. Parzivâl platzt als närrischer Tor in den Hof und kann König Artûs von den übrigen Rittern nicht unterscheiden.

> „War der Mann alt oder jung? Parzivâl kam es vor, auf den ersten Blick, als habe er nie einen so häßlichen Menschen gesehen. Er hatte einen dicken Hals, selbst in auszehrender Beleuchtung; der Kopf darüber hätte schlank wirken können, wären die Backen nicht schlaffe Polster gewesen, in denen sich ein voller Lippenmund nach allen Seiten räkelte. Die Augen waren wasserblau und traten aus den Höhlen, während die Stirn sich hoch und glatt in das gelichtete Haar schob; es war eigentlich zu dünn, um in Wellen gelegt zu werden. Der Mann hatte ein schweres, verschwommenes Untergesicht. Aber die Stimme, die er jetzt hören ließ, *trug* wie die eines Sängers. Dabei trat ihm Nässe in die Mundwinkel, der Kopf schob sich vor und zurück, straffte zwei Falten an seinem Hals und ließ sie wieder erschlaffen. König Artûs trug einen lichtblauen Festrock, dessen Ärmelansatz mit einer lila Bordüre kaschiert war. Beim Reden hob er seine Arme sacht wie zum Gebet und ließ an den Fingern kostbare Ringe glänzen.“ (343/344)

In dieser ersten Begegnungsszene findet kaum verbale Kommunikation zwischen König und Jüngling statt. Artûs verkennt den närrischen Knaben, der so stürmisch um die Rüstung des Roten Ritters Ithêr wirbt, und gesteht sie ihm lächelnd zu. Die Bedeutung Parzivâls wird dem Artûshof erst klar, als Parzivâl einen unterworfenen Ritter nach dem anderen zu Cunnewâre schickt und so kommt es auch, dass sich die Artûsgesellschaft auf den Weg macht, den Roten Ritter ‚zu suchen', um ihn an die Tafelrunde zu bitten (vgl. 518). Dies geschieht an einem Morgen im Mai in der Flusslandschaft Plimizöl (vgl. 523). Obgleich eigentlich immer dort und immer dann, wenn Artûs zeltet Frühling ist und die Luft nach Maienglöckchen riecht (vgl. 26), hat es in dieser Nacht geschneit und das Feld ist mit einer dünnen Schneedecke bedeckt (vgl. 525). Unmittelbar zuvor hat Parzivâl sein verstörendes Erlebnis in Munsalvaesche gehabt, ist von Sigûne darüber aufgeklärt worden und gelangt, ohne es zu wissen oder zu wollen in die Nähe der Artûsgesellschaft.

Auf dem schneebedeckten Feld sind drei Blutstropfen (einer gerissenen Gans) zu sehen, in die Parzivâl mit seinem Blick versinkt. „Drei Tropfen Blut im Schnee. Condwîr âmûrs!“ (529). Das Motiv der drei Blutstropfen im Schnee verschränkt sich mit dem Bild der drei Blutstropfen auf dem Laken des gemeinsamen Bettes mit Condwîr âmûrs (vgl. 453). Nach Segramors und Keies Versuchen, den fremden, un*be*kannten und damit un*er*kannten Ritter zu besiegen, ist es Gâwân, der begreift, wie es um diesen steht und Parzivâl in ihm erkennt. Er bedeckt die Blutstropfen, Parzivâl erwacht aus seinem Tagtraum und reitet, obwohl er sich ziert, mit seinem Vetter zu König Artûs. „Ich würde sie enttäuschen, sagte Parzivâl. Das sollst du auch, erwiderte Gâwân. - Anwesenheit enttäuscht immer. Das ist heilsam. Aus der Entfernung liebt sich's allzu leicht" (533). Parzivâl hat mittlerweile ein feines Gefühl für sich und seine Umwelt entwickelt, der Erzähler kommentiert seine lang ersehnte Ankunft in der Artûsgesellschaft: „Parzivâl war gekommen... und jetzt war er nichts Besonderes. Auf alles war man gefaßt gewesen, auf den Unscheinbaren nicht" (539). Trotzdem wird er gebührend empfangen.

Königin Ginovêr hält sich auffallend zurück. Zuvor ist in der Erzählung jedoch deutlich hervorgehoben worden, dass sie um Ithêr trauert. Parzivâl wird der „Mutter-Figur des Rittertums, Frau Ginover, diesen [Ithêrs] Tod abzubitten haben - stellvertretend für seine und alle Mütter. Aber noch mehr: er wird ihn mit Leib und Leben gutmachen, *weil* er nicht mehr gutzumachen ist. Er steht jetzt als Ganzer für den Toten. So sühnt er zeitlebens - *und* so darf er sein Glück machen" (ZN 64), wie der Autor erläutert. Trotzdem hat der Artûshof „an diesem Tag nichts Geringeres erlebt als den Untergang seiner Welt" (349). Zu ihrem Mann hat Ginovêr ein ambivalentes Verhältnis, da sie auch Herrn Lanzelôt herzlich verbunden ist. „Man weiß, was es mit Frau Ginovêr und Herrn Lanzelôt für eine gefühlvolle Bewandtnis hatte - und noch immer hat, denn die wahre Leidenschaft altert nicht" (344) und Artûs ist, laut Klinschor, die Frauen leid (vgl. 163). So kommt es, dass Segramors seinen König in ungewöhnlicher Begleitung antrifft: „Hier lag er [Artûs] selbdritt, mit Frau Ginovêr und dem Herren Lanzelôt" (526) in einem Bett. Ginovêr hinterfragt die Zukunft ihrer Verbindung mit König Artûs:

> „[Gâwân] ist kein Ritter, liebe Freundin, sagte Herr Artûs, der ist ein Mann von Herz. Das sagt *Ihr*? wollte Frau Ginovêr erwidern, doch sie sprach es nicht aus. Sie sah ihn nur an, den Mann, an dem sie sich - anders als die Fabel - meinte, längst sattgesehen zu haben. War er noch ihr Herr, der himmlische Gesandte der Zivilisation? Er war viel weniger geworden. Und etwas mehr?" (535)

In auffälliger Weise wird sie weder äußerlich noch physisch beschrieben. Ginovêr mutet wie ein Mahnmal einer vergänglichen Welt an, sie ist die Königin der schwindenden ritterlichen Welt. Es scheint, als ob sie ihrem irdischen Dasein schon weiter entrückt ist als Artûs.

Die dritte Begegnung zwischen Artûshof und Parzivâl findet wieder auf dem Feld Jôflanze statt, als es zum Kampf zwischen Gâwân und Gramovlanz kommen soll.

> „Und wenn Parzival in der dienenden Rolle nach langer Zeit praktisch erfahren und bewährt an den inzwischen degenerierten und zur Touristenattraktion gewordenen Artushof gegen seine Absicht zurückkehren wird, hat er mit dem dortigen und allge-

meinen Ritterleben, das sich aber auch schon dem Geist der neuen Zeit entsprechend verändert hat, nichts mehr zu tun."[88]

Artûs ist damit beschäftigt, die verfeindeten Parteien (Orgelûse verlangt einen Kampf zwischen Gramovlanz und Gâwân, obwohl die Schwester Gâwâns, Itonjê, Gramovlanz heiraten möchte) zu versöhnen und hat kaum ein Auge für Parzivâl. Noch einmal ist das Königspaar in seiner Funktion als Vermittler gefragt. Artûs ist „in solchen Sachen [...] unübertrefflich" und „wenn hier Eine noch zu raten wisse, so sei es Königin Ginovêr" (beides 776). Und so tritt das königliche Paar noch einmal gemeinsam auf und wahrt seinen Stand:

> „Das Königspaar hatte sich das Harmonieren zur Pflicht gemacht. Je weiter der Lebensfrühling mit seinen Stürmen zurücklag, desto freundschaftlicher war ihr Einverständnis geworden. Zwar bezog es sich nur auf Dinge der Welt; doch für ein Paar, das eine Welt zu vertreten hat, will das nicht wenig sagen. In das, was sie Privatgefühle nannten, redeten sie einander nicht mehr hinein; und auch diese hatten sich ja im Lauf der Jahre beschwichtigt zu Nuancen höfischer Kultur. Auch auf Herrn Lanzelôt hatte sich inzwischen etwas von jenem Schnee gesenkt, der die Leidenschaften stiller macht." (776)

Dennoch ist auch Artûs deutlich, dass seine Stellung in Frage gestellt ist. „Ach ja, sagte König Artûs, unser Witz, wie unsere Abenteuer, sind etwas in die Jahre gekommen. Auch denen, die an der Tafelrunde sitzen, kommt sie inzwischen wie ein Zitat vor" (784). Wichtig hervorzuheben ist jedoch noch der Moment, in dem Parzivâl Ginovêr sein im Kampf mit Feirefîz zerbrochenes Schwert als „Pfand seiner Schuld" überreicht, was sie zu Tränen rührt (vgl. 799). Bei dieser Begegnung mit dem Roten Ritter Parzivâl verzeiht sie ihm nun endlich (vgl. 813),[89] er legt nach diesem Erlebnis seine Ritterrüstung - und damit verbunden das oberflächlich ritualisierte Rittertum - endgültig ab. Auf Grund dieses Geschehens erhält auch sein „Ritterschlag", den König Artûs ihm bislang vorenthalten hatte - und nach Parzivâls Grâlsberufung bedauert, ihm nicht gegeben zu haben - eine neue Bedeutung: „Herr Artûs lächelte schmal. - Ich hätte Euch fast zum Ritter schlagen sollen, sagte er, damit komme ich nun wohl etwas zu spät. Das hat *er* getan, sagte Parzivâl, auf den Bruder deutend. Dann trat er zu Frau Ginovêr und beugte das Knie zum dritten Mal. Es tut mir nichts so leid, sagte er, wie König Ithêrs Tod. Er war mein Bruder, und Euer Sohn." (829).

---

[88] Walter Raitz, S. 332.

[89] Parzivâl kniet das erste Mal vor seiner Aufnahme in die Tafelrunde vor Ginovêr (vgl. 539 f.) und das zweite Mal nach dem Kampf gegen seinen Halbbruder Feirefîz (vgl. 799). Beide Male hat sie ihm noch nicht verziehen.

Die vierte Begegnung zwischen Parzivâl und der Artûsgesellschaft, respektive dem Königspaar Artûs und Ginovêr, findet nach der Abreise der Grâlsgesellschaft und dem Verschwinden der Grâlsburg statt. Auf dem Weg nach Kanvoleis stattet die Grâlskönigsfamilie (ohne Grâl) dem Artûshof einen Besuch zur Berichterstattung ab.

„Parzivâl und Condwîr âmûrs, Kardeiz und Loherangrîn aber reiten noch immer auf dem Boden der Fabel, also in der ritterlichen Welt - und in dieser führt nun einmal kein Weg an König Artûs vorbei“ (964). Die beiden ungesuchten Begegnungen Parzivâls mit der Artûsgesellschaft stehen an zentraler Stelle auf seinem Entwicklungs- und Entfaltungsweg. Kundry verflucht ihn dort ob des Versagens auf der Grâlsburg, und sie rehabilitiert ihn und verkündet seine Berufung. Wie ist es zu verstehen, dass gerade die bedeutendsten Angelegenheiten der Grâlsgesellschaft in Bezug auf Parzivâl innerhalb der Artûsgesellschaft thematisiert werden? Welche Stellung hat die Artûsgesellschaft für Parzivâl, dass gerade dort seine Höhen und Tiefen an die Öffentlichkeit geraten? Geradezu humorvoll ist die Beschreibung des Artûshofes am Ende des Romans: Parzivâl reitet mit Frau und Söhnen noch einmal ins „Zentrum des höfischen Lebens“, und sie sehen „vor sich im Grünen ein Festlager ausgebreitet, einen ansehnlichen Zusammenzug von Zeltringen und vielförmigen Einzelzelten, denen nur eines gemeinsam ist: die Rosenfarbe“ (964). Condwîr âmûrs, die noch keine Bekanntschaft mit der Artûsgesellschaft gemacht hat „steht still auf diesem Hügel, [...] während ihre Lippen sich verschließen. Das soll der berühmte Artûshof sein? Eine Bonbonnière, über die grüne Wiese hingeschüttet?“ (965). Das Königspaar des Grâls trifft auf das Königspaar der ritterlichen Welt: „Ihr Weg zum Thron führt durch eine Gasse von lauter Roten Rittern; Alle tragen sie Parzivâls Rüstung, und die Damen rosa Kleider, Ton in Ton“ (967). Diese Huldigung an Parzivâls Taten mutet wie ein großes Missverständnis an, zu dem der Grâlskönig jedoch schweigt. „König Artûs ist ungerüstet und erhebt sich ganz in Rot. Er gebietet dem Geschrei zu schweigen mit einem Wink seiner müden und leicht zitternden Hand: Kann er in kurzer Zeit so alt geworden sein? Die Singstimme wird nach kurzem Schwanken fest; ganz hell ist sie nicht mehr“ (967). Condwîr âmûrs und Parzivâl begrüßen die versammelte Ritterwelt, alle Ritter und Damen, denen Parzivâl auf seinem Weg begegnet ist, gebührlich. „Eine Begrüßung am Artûshof ist ein ausgiebiger Vorgang, kaum weniger als die berühmten Abschiede; denn es darf niemand, der einen Namen hat, davon ausgenommen werden“ (969). Die legendären Erzählungen der ritterlichen Abenteuer scheinen zu versiegen: „Leider, Herr Parzivâl, hat unser Kreis im Grunde nur von einem einzigen zu berichten, oder jetzt zweien: nämlich, Euch verloren und

Euch wiedergefunden zu haben, mitsamt Eurer herrlichen Königin und Euren Kindern, die ein rechtes Wunder sind“ (971).

Zwischenbilanz: Neben- und Orientierungsfigur

Parzivâl verlässt mit Frau und Kindern die Gesellschaft, in der er Beschämung und Anerkennung erfahren hat. Artûs und Ginovêr verkörpern als Mittlerfiguren in ihrer jeweiligen Persönlichkeit und ihrem weltlichen Auftrag für die ritterliche Welt die Artûsgesellschaft, die, wie schon im Kapitel über die verschiedenen Welten zitiert, deutlich ihrem Untergang geweiht ist. Für Parzivâls Entwicklungsweg jedoch spielen die beiden Figuren eine begleitende und konfrontierende Rolle, die schließlich in Ehrerbietung mündet. Artûs ist in seiner Position als König einer exaltiert individualisierten Gesellschaft und durch seine großväterliche Perspektive eine „Orientierungsfigur“ für den Protagonisten. Ginovêr hingegen, die in ihrer großmütterlichen Großzügigkeit endlich verzeiht, ist eher eine typisch mittelalterliche „Nebenfigur“, ihre Kontur verliert sich in den bunten Geschehnissen am Hof. Offensichtlich bekommen die Belange der geheimnisvollen, versteckten Grâlswelt aber innerhalb der Artûswelt, die für die sichtbare ritterliche Außenwelt steht, eine Bestätigung - warum verschränken sich sonst diese beiden Welten an einer so delikaten Stelle miteinander? Sie bestehen unabhängig voneinander, verfolgen eine deutlich abgrenzbare Lebenskonzeption - bestätigen sich aber gegenseitig durch Wahrnehmung und Anerkennung.

Ein Kranker und ein Lehrer: Anfortas und Trevrizent

Blicken wir nun auf zwei prominente Vertreter der Grâlswelt, die Brüder Trevrizent und Anfortas, wie werden sie eingeführt, wie beschrieben und welche Bedeutung haben sie für Parzivâl?

> „Parzival meint seine Mutter zu besuchen und verirrt sich statt dessen auf die Gralsburg, die man nur ungesucht findet, und in der das Lachen für immer erstorben scheint. Denn da liegt König Anfortas, der Fischer und Hüter des Grals, wund auf den Tod. Statt die Schrift auf dem Stein abzuwarten, die ihm die rechte Königin bestimmt hätte, hat er sich in wilde Minne verrannt und die Taube des Heiligen Geistes, die der Gralsorden im Schilde führt, mißverstanden als Turteltaube der Venus.“ (ZN 85)

Anfortas ist Grâlskönig geworden, da sein Vater Frimutel früh verstorben ist,[90] und Trevrizent hat sich als Lehrer in eine Waldklause zurückgezogen. Anfortas liegt verwundet in der Grâlsburg, da er sich, wie im Kommentar von Muschg beschrieben, schuldig gemacht hat (vgl. auch 210). Anfortas muss erlöst werden, selber hat er keine Möglichkeit, seine Wunde zu heilen - im Gegensatz zu Parzivâl. Aber Parzivâl weiß nichts davon. Er weiß nicht, wo er ist, was er sieht und schon gar nicht, was er zu tun hat. Anfortas erklärt dem Leser:

> „Ich sprengte Munsalvaesche. Ich tat alles, um Fleisch zu werden ohne dich [seine Mutter]. Ich lernte reiten, Schwert und Lanze führen. Den Grâl brauchte ich nicht mehr zu suchen: der hatte mich schon. Ich suchte Abenteuer. Ich war König, ich suchte die Welt, und in der Welt alle Frauen, und in allen nur die Eine. Ich glaubte sie gefunden zu haben, sie hatte rotes Haar. Und als sie mich nicht begehrte, folgte ich ihr bis ans Ende der Welt und einen Schritt darüber hinaus. Bei diesem Schritt fiel mir ein Schwert in den Leib, wo er männlich war, und vergiftete mein Fleisch ohne Rettung." (500)

Diese Vorgeschichte kennt Parzivâl nicht, ja er realisiert nicht einmal bewusst, dass er auf der sagenumwobenen Grâlsburg ist und deren potentieller Erlöser sein könnte. Das merkwürdige Geschehen im ‚Kalten Haus' lässt Parzivâl verstummen. Der Narr Ezzô klärt ihn zwar metaphorisch über die Verhältnisse auf, macht das aber so verschlüsselt - „Fragen ist immer gut. In der Not hilft nichts wie Fragen. Versteht Ihr?" (492) - dass Parzivâl überhaupt nichts davon begreift. Denn: „Wer Munsalvaesche näher gekommen ist, sieht ein Haus aus frisch geschlagenem Holz. Wer aber hineingeraten ist in Munsalvaesche, für den hört alles auf. Den friert nur noch. Der fragt nicht mehr" (501). Parzivâl beobachtet, nimmt wahr, staunt und *schweigt* (vgl. 493) - so, wie es ihm das ritterliche Zurückhaltungsgebot Gurnemanz' gebietet. Er sieht Tyturel, den leidenden Anfortas, Repanse de Schoye mit dem Grâl und das einzige, was der Grâlskönig zu ihm sagt, ist: „Ja, sagte es deutlich aus dem Fell. - Ihr seid müde, Herr. Geht und schlaft. Hier nehmt mein Schwert und tötet, was Euch begegnet. Tut es zu meinem Gedächtnis" (502). Parzivâl verlässt Munsalvaesche am nächsten Morgen tief verstört mit dem Grâlsschwert.

Auf der langen Suche, die Grâlsburg wiederzufinden, begegnet er, nach seiner Zeit als „Blaues Wunder" bei Gâwân, am Karfreitag Trevrizent. Parzivâl will sich bei ihm scheu versichern, dass er nicht stört, Trevrizent hat ihn in seiner Situation jedoch sogleich erkannt: „Wer gestört ist, muß stören" (632) und nimmt ihn in seine Höhle auf. Parzivâl bekennt: „Ich bin ein

[90] Vgl. Fußnote 46.

Mann, der Sünde hat“ (634),[91] und wieder einmal entledigt er sich seiner Rüstung - dieses Mal, um ein Sündenhemd anzuziehen. Trevrizent, „ein kleiner, fester Mann, scheinbar ohne Alter und mit unauffälligem Gesicht“ (632), beginnt seine Sündenpredigt zu halten, in der er die sieben Todsünden[92] erklärt, die jedoch nur metaphorisch auf Parzivâl zu beziehen sind.[93] Anders wird es, als es darum geht, dass Parzivâl etwas über den Grâl lesen soll. *„Ihr könnt nicht lesen*? Jetzt scherzt Ihr aber doch, junger Mann. Da hört der Spaß auf, da vergeht er sogar dem lieben Gott. Wozu glaubt Ihr, daß Er uns sein Werk in doppelter Gestalt hat überantwortet, einmal als Kreatur, und einmal als Buch? Glaubt Ihr, wer das Eine lesen könne, dem sei das Studieren des Andern erlassen?“ (647). Also lehrt Trevrizent ihn das Alphabet. Jeder Buchstabe enthält auf seine Weise etwas von Parzivâls Geschichte. Bei dem Buchstaben „I“ fragt er: „Imitierst Ithêrs Identität?“ (652) und bei „P“: „Was fehlt euch? Was fehlte dir, daß du gefehlt hast im Kalten Haus?“ (654). Durch diese Aussagen wird deutlich, dass sich Trevrizent als wissender Verwandter präsentiert, der um die Geschichte des verzweifelten Helden weiß.

> „Trevrizent führt nicht nur Parzivals Sünden vor, sondern auch die seiner Verwandten, ja sogar seine eigenen finden sich unter „S“ und beziehen sich auf sein Fehlverhalten Anfortas gegenüber: „[…] Habe den Siechen so schlimm sitzen lassen wie du, Süßer“ (RR,655). Mit diesem alphabetischen Sündenbekenntnis lernt Parzival nicht durch Beichte und Buße, sondern durch Wissen. Er erfährt einen Sündenkatalog, den er zu ertragen lernt.“[94]

Trevrizent klärt ihn über das „Buch der Bücher“ auf und fordert ihn „dazu auf, den Zweifel, das Nichtwissen, die Täuschung und den Irrtum zu akzeptieren.“[95] Während Wolfram von Eschenbach Trevrizents Lehre eher religiös präsentiert, in der von Buße und Reue die Rede ist, führt Adolf Muschg den Onkel Parzivâls wie einen Sündenanalytiker vor, der therapeutisch und monologisierend wirkt. „[…] Parzival muß leiden lernen wie Anfortas […] um ihn eines fernen Tages heilen zu können“ (ZN 87).

---

[91] Auch dieser Satz ist eine wörtliche Übersetzung ins Neuhochdeutsche aus Wolframs mittelalterlichem „Parzival“ Vers 456,30: „ich bin ein man der sünde hât“.

[92] Superbia: Hochmut, Avaritiae: Habsucht, Gula: Völlerei, Invidia: Neid, Luxuria: Wollust, Ira: Zorn und Accidia: Faulheit. (Vgl. 638-646).

[93] Interessant sind in diesem Zusammenhang auch die Erwägungen von Peter Arnds der Trevrizents Darstellung der Todsünden als Kommentar auf die Schweiz und ihr Verhalten im Dritten Reich liest. Vgl. „Adolf Muschgs Parzivalroman *Der rote* [!] *Ritter* und die Schweizer Mitschuld am Holocaust.“

[94] Carla Carnevale, 2005, S. 123.

[95] Beides: Albrecht Classen, 1996, S. 319.

Schließlich ist Parzivâl bereit, seinen Weg weiter zu gehen. Er zieht sich seine rote Ritterrüstung eigenständig an - was als Akzeptanz seiner inneren und äußeren Identität verstanden werden kann - und verlässt den Onkel: „die eigene Verwundung wird die Frage in ihm reifen lassen, die für den Unerfahrenen zu früh kam" (ZN 87).

Nach der Berufung durch Kundry ist es Parzivâl schließlich vergönnt, nach Munsalvaesche zurückzukehren um „die entscheidende Frage an seinen anderen Onkel, den Grâlskönig Anfortas, zu stellen, woran er leide - d.h. den Weg hin zur menschlichen Sprache und Kommunikationsfähigkeit zu erobern -, um die Erlösung zu vollbringen und damit selbst zum Nachfolger erhoben zu werden."[96] Parzivâl hat gelitten und geliebt, vor allem gelernt zu sprechen und zu schweigen und stellt, unter Tränen, die alles entscheidende Frage, die sich in die Du-Form gewandelt hat: „Oheim, was tut dir weh?" (841).[97] Das Wunder geschieht: Anfortas erwacht wie durch einen Geburtsvorgang erneut zum Leben und genest (vgl. 844). Zuvor hat er „auf üppigem Lager, als Zerrbild des Ganzen Menschen" (ZN 86) gelegen und war nicht mehr in der Lage, selbst einen Beitrag zu seiner Heilung zu leisten. Parzivâls Aufgabe, die „gesellschaftszerstörende Wirkung der Geschlechtertrennung [in der Grâlsburg] zu überwinden, deren äußerliches Symbol [...] Anfortas Wunde"[98] war, wird erfüllt. Dies Wunder konnte möglich werden, weil die „Bedingung, daß er zuvor als Wunderkind, aber auch als Mensch, als Mitmensch *versagt* hat" (ZN 73) durchlebt wurde. Bedeutsam ist auch die Tatsache, dass der Umstand der Verwandtschaft - der inneren wie der äußeren - in der Genesungsszene motiviert wird, „und nun sehen sie es alle: da liegt Parzivâls eigenes Gesicht in seinen Händen" (840). Die äußere Verwandtschaft ist genealogisch begründet und hergeleitet worden, die innere Verwandtschaft entsteht in dem Moment des eigenen *Er*kennens - und nicht mehr *Ver*kennens - des Anderen.

Nach der Erlösungsszene ändert sich sowohl die Rolle Anfortas' als auch Trevrizents für Parzivâl. Obgleich Trevrizent weiterhin ein Wissender ist, - sowohl in Bezug auf die Umstände in der Grâlsburg, als auch auf die Figuren Sigûne, Kyôt und Feirefîz - richtet er seine Aufmerksamkeit nun im Wesentlichen auf die Kinder Parzivâls und den Einzug der jungen Familie in die Grâlsburg. Anfortas hingegen präsentiert sich als genesener Jüngling, der der Grâlsherrschaft mit keiner Träne nachweint (vgl. 891), aber durch

---

96 Albrecht Classen, 2002, S. 15/16.

97 Bei Wolfram souffliert Trevrizent in der Höhle die alles entscheidende Frage: *„hêrre wie stêt iwer nôt?"* (PZ 484,27). Parzival verändert diesen Wortlaut in Munsalvaesche in die Du-Form auf Grund seiner eigenen, durchlittenen Erfahrungen: *„œheim, waz wirret dier?"* (PZ 795,29).

98 Anke Wagemann, S. 209.

Feirefîz lernt er im Kampf nicht nur zu töten, sondern auch zu besiegen: „[...] Anfortas, der gestern noch Verworfene, der Neuling von Heute, gedieh Tag für Tag mehr zur Ritterschaft - fast eben so schnell wie Parzivâl damals bei Gurnemanz. Er wiederholte sogar die Geschichte mit dem Knie - beinahe." (916) „[...] Anfortas [...] war der Mann, an dem Feirefîz sein Meisterstück lieferte, Trevrizent sah es mit Ehrfurcht" (916). Parzivâl stellt fest, dass er trotz Beratung im Familienkreis, allein vor der Frage steht, was mit der Grâlsburg anzufangen sei.

> „[...] dort ist, so muß er bald sehen, nichts mehr zu reformieren. Weder wird aus dem finsteren, kalten, verschimmelten, verliesartigen Munsalvaesche ein freundlicher, heller, lebensfroher Ort schon allein dadurch, daß in seine dicken, kalten Mauern Türen und Fenster gebrochen werden, noch läßt sich die im Zeichen des Grals erzogene Ordensburgbesatzung umerziehen und entmilitarisieren. An diesem Gral ist deshalb nichts zu reformieren, weil er in seiner Bedeutung und Funktion grundsätzlich aus der Zeit ist."[99]

Das bedeutet, dass die Aufgaben des Grâls und der Grâlsburg erfüllt sind und keiner weiteren Bearbeitung bedürfen; die Weiterentwicklung regelt sich von selbst. Feirefîz zieht mit der Grâlsgesellschaft - Anfortas eingeschlossen - in den Osten, Parzivâl verabschiedet ihn mit den Worten: „Bleib dir selber treu, Oheim, so bist du's dem Grâl und mir, denn wahre Treue ist beweglich" (959). Trevrizent hingegen verschwindet auf opake Weise mit Lähelîn, dem Fürsten.

Zwischenbilanz: Leidens- und Lehrfigur

Festzuhalten ist, dass Parzivâl seinen Entwicklungs- und Entfaltungsweg zu einem entscheidenden Anteil den beiden Primärfiguren Trevrizent und Anfortas zu verdanken hat. Durch die erste Begegnung mit der „Leidensfigur" Anfortas ist Verwirrung und Entmutigung entstanden, erst langsam ist der Bewusstwerdungsprozess in Gang gekommen, zu dem auch die „Lehrfigur" Trevrizent einen gravierenden Beitrag geleistet hat. Schließlich hat es das Schicksal dem Protagonisten möglich gemacht, seine Sünden zu sühnen, Anfortas zu erlösen und den eigenen Platz in der Welt zu finden. Warum aber hat er sich überhaupt für Anfortas' Wunde interessiert? Was ging ihn diese Wunde an, da er mit der Entstehung nicht das Geringste zu tun hat? Parzivâl ist im Laufe seines Entwicklungsweges verletzbar geworden, er hat verletzt und ist verletzt worden. Seine innere (seelische) Verletzbarkeit, die auch ein Mitgefühl für die Belange anderer impliziert, zeigt sich in dem Umstand, dass ihm in vielen Begegnungen die Tränen kommen, dass

[99] Walter Raitz, S. 332.

er weint: zum Beispiel bei Jeschûte (vgl. 321), bei Ithêr (vgl. 355), bei Lîâze (vgl. 415), bei Condwîr âmûrs (vgl. 478), bei Sigûne (vgl. 628), bei Trevrizent (vgl. 636) und bei Anfortas (vgl. 840). Seinem Sohn gegenüber erklärt er am Ende des Romans: „Ein Mensch, der weint, zeigt dir sein Herz" (908).[100] Durch seine mitmenschliche Anteilnahme, denn um mehr handelt es sich eigentlich nicht, hat er der Verletzung Anfortas' - und somit Anfortas' Lebensgang - eine Berechtigung gegeben zu existieren - und damit die Erlösung vom Leid möglich gemacht. Das verwandtschaftliche Netz hat also sowohl zu Verstrickung als auch zur Entwirrung beigetragen. Anfortas und Trevrizent, beide prominente Vertreter der Grâlsgesellschaft, bestehen nicht darauf, die Grâlsburg zu erhalten, sondern fügen sich in den Fluss des neuen Geschehens ein. In Bezug auf die Selbstverwirklichung ist also zu konstatieren, dass es für den Einzelnen eines sozialen Netzes bedarf, welches für das handelnde Subjekt Möglichkeiten und Unmöglichkeiten bereithält. „Weit davon entfernt, ein freies und unabhängiges Wesen zu sein, ist der Einzelne in das Netz imaginärer Beziehungen eingebunden, an denen er sich von der ihm zugewiesenen Position aus beteiligen kann."[101] Parzivâls Position hat von ihm verlangt, dass er in Anfortas' Schicksal eingreift - dass er, durch eine Frage, handelnd heilt. Durch diese Anteilnahme, Akzeptanz und den Eingriff in das Schicksal eines anderen hat er nicht nur diesen anderen geheilt, sondern auch sich selbst. Dies jedoch war erst möglich, als er selbst verletzbar und verwundbar geworden war.

Anfortas, der schuldig Leidende, ist als Repräsentant der Grâlsgesellschaft mit seinem quasi entindividualisierten Figureninventar hilfsbedürftig und dem Entwicklungsweg des Protagonisten ausgeliefert. Trevrizent ist ein geschulter Lehrer geblieben, der ihm beratend zu Seite steht. Als er seine Pflicht getan hat, zieht er sich demutsvoll von seinem zum Grâlskönig avancierten Zögling zurück, um ihm eine freie Handhabe zu gewährleisten. Den beiden Verwandten eröffnen sich durch Parzivâls Identitätsentfaltung neue Möglichkeiten.

---

[100] Wolfram hingegen lässt Parzival nur einmal die Tränen kommen und das im Moment von Anfortas' Erlösung. PZ 795,20: „alweinde Parzivâl do sprach". Dies ist ein Aspekt der innerpsychischen Ausgestaltung der Muschg'schen Figuren im Gegensatz zur mittelalterlichen Figurendarstellung.

[101] Siehe in: Metzler Lexikon, Literatur- und Kulturtheorie unter ‚Subjekt' S. 637.

Der Fremde und die Schöne: Feirefîz und Repanse de Schoye

Eine weitere entscheidende Figur ist für Parzivâl auf seinem Entwicklungsweg sein orientalischer Halbbruder Feirefîz, von dem er lange nichts weiß. Obgleich die Heidin Ekubâ, morgenländische Botschafterin ihres Vetters Feirefîz, ihn darüber an der Artûstafelrunde aufgeklärt hat (vgl. 543), hat ihn diese Tatsache nicht weiter berührt - sie ist nicht in sein Bewusstsein gedrungen. Erst auf dem Höhepunkt der Geschehnisse treffen die beiden heldenhaften Kämpfer und Brüder aufeinander: „Noch aber muß Parzival seinen heidnischen Bruder Feirefiz treffen - d.h. einen Sinn für die Familie entwickeln - und im Zweikampf gegen ihn scheitern [...].“[102] Parzivâl kämpft gegen den fremden - herrlichen! - Gegner mit allen ritterlichen Finessen, die ihm zu Gebote stehen. Schließlich zerbricht sein - Ithêrs! - Schwert und damit seine Schuld ihm gegenüber (vgl. 798). Der Kampf endet und die beiden Unbekannten geben einander zu erkennen: „Feirefîz und Parzivâl. [...] Ein Vater, zwei Frauen, zwei Söhne“ (800).[103] Parzivâl erfährt Familiarität (seine Eltern sind beide längst verstorben) und führt seinen Bruder in die Artûsrunde, in der er bewundert wird: „[...] die Makellosigkeit seines Körperbaus [war] um so bemerkenswerter. Man hatte nie einen schöner proportionierten Mann gesehen, mit seinem heroischen Leib auf langen Beinen und entzückend kleinen Füßen, einem schmal, doch nicht hager geschnittenen Gesicht mit flachen Wangen und fließendem Blick“ (803). Der reiche, mächtige und heidnische König Feirefîz ist Gahmurets erstgeborener Sohn, und somit Parzivâls Halbbruder. Diese neue Tatsache nimmt Parzivâl ernsthaft an und anerkennt den Bruder als Teil seiner selbst. „Man nahm teilnehmend zur Kenntnis, daß Herr Feirefîz auf der Suche nach dem Vater die weite Reise getan hatte, um dann den Bruder zu finden“ (801). Das Motiv auszureiten, um ein Elternteil zu suchen, wiederholt sich hier: Während Parzivâl seine Mutter gesucht hat und die Grâlsburg findet, sucht Feirefîz seinen Vater und findet den Bruder. Aber nicht nur Feirefîz findet einen Bruder, sondern auch Parzivâl. „Der Rote Ritter hatte seinen letzten Kampf gekämpft. In diesem Kampf war er sein eigener Bruder geworden“ (814), was bedeutet, dass er nicht nur einen äußeren Bruder gefunden hat, sondern auch sich selbst. Dieses Zueinanderfinden der Brüder bedeutet für Parzivâl „einen weiteren großen Schritt zur Selbstfindung“[104] und zum Selbstbewusstsein. Das äußere Geschehen spiegelt in dieser Szene das innere Erleben und trägt zur Konstituierung seines

[102] Albrecht Classen, 2002, S. 15.

[103] Gahmuret, Belâkane und Herzeloyde, Feirefîz und Parzivâl.

[104] Carla Carnevale, 2005, S. 133.

Selbst' bei. Parzivâl zieht mit seinem Bruder Feirefîz, dem Schauspieler Diomêd, den dialektischen Zwillingen und freien Mitarbeitern Castôr und Pollux sowie Bêne (vgl. 839) in die Grâlsburg, um den siechen Onkel zu erlösen. Dabei erblickt Feirefîz die schöne Grâlsträgerin Repanse de Schoye, Schwester des leidenden Grâlskönigs, die Parzivâl bei seinem ersten Besuch ihren grünen Mantel hatte umlegen lassen (vgl. 493) und die „Das Ding“ bei seinem ersten Besuch in das „Oktogôn“ (911) getragen hat:

> „Denn nun kommt *sie*. In reinstem Grün kommt sie herein und im braunen Licht der Balsamkerzen. Von Rauch umwölkt, trägt sie den Leib und etwas noch darüber, mit beiden Armen; das schwebt ihr auf grünem Seidenkissen über dem goldenen Haupt. Sie bringt's, Das Ding, den Wunsch der Wünsche; es zittert dem Gast vor den Augen. Sie setzt es ab auf dem Tisch, zu seinen Füßen. Da steht es jetzt, und steht noch kaum, da fließt es schon.“ (497)

Feirefîz sieht einzig die Schönheit der Frau, die „Das Ding“ trägt, denn: „Wenn man recht berichtet war, konnte ein Ungetaufter Das Ding ja gar nicht sehen. Und es wäre ja wohl gelacht, wenn dieser Jupiter sich taufen ließe, nur um den Stein zu sehen, nachdem er wahrlich schon steinreich genug, gewissermaßen mit Juwelen gepflastert war!“ (836). Aber so geschieht es, denn so, „wie Gawan in Orgeluse, Parzival in Condwir amurs die Frau ihres Lebens sehen, will Feirefiz die Liebe der Grâlsträgerin gewinnen,“[105] primär aber richtet sich sein Interesse nicht auf den Grâl. Parzivâl erläutert ihm: „Du wirst dich taufen lassen müssen, [...] damit du auch den Grâl siehst, und nicht nur die Frau, die ihn trägt“ (920) - dazu ist Feirefîz ohne weiteres bereit. Zunächst aber verlässt Parzivâl noch einmal die Grâlsburg, um Sigûne zu suchen und seine Frau wieder zu treffen. So überantwortet er Feirefîz die Fürsorge um Munsalvaesche (vgl. 849); Feirefîz bringt Licht in das dunkle Gemäuer, lässt die Ritter tjostieren und mutiert „vorübergehend vom Gast zum Gastgeber“ (911).

Auch Repanse de Schoye, deren Name frei übersetzt ‚Antwort der Freude'[106] bedeutet, gewöhnt sich langsam an die neuen Gepflogenheiten in der Burg. Als Grâlsträgerin versäumt sie es, „Das Ding“ nach Anfortas' Wiederauferstehung vor den Ahn Tyturel zu tragen, so dass er stirbt (vgl. 914). Nur einmal noch wird sie als Grâlsträgerin erscheinen, bevor sich „Das Ding“ auflöst und sie frei ist, eine neue Tätigkeit zu ergreifen. Da die Grâlsjungfrauen es aber bislang nicht gewohnt waren miteinander zu sprechen, hat Condwîr âmûrs es schwer, mit ihnen zu kommunizieren und zwischenmenschliches Licht in das dunkle Gemäuer zu bringen. Scheu und

---

105 Carla Carnevale, 2005, S. 143.

106 Franz. „réponse“ ist mit „Antwort“ übersetzbar und „joie“ mit Freude.

schüchtern ergibt sich aber mit der Zeit der eine oder andere Austausch, wie sie Parzivâl berichtet als er zurückkehrt:

> „Friedel, sagte sie [Condwîr âmûrs] seufzend, sie [Repanse de Schoye] hat einen Pardel mit schwarzen Flecken unter dem Kissen versteckt und gehofft, ich entdecke ihn nicht. Die schwarzen Flecken sind Lavasplitter, die sie sorgfältig auf das gelbe Fell genäht hat. Und sie hat ihren Namen rufen hören, *Repanse de Schoye!* immer wieder, von draußen, vom Turnierplatz, durch alle Mauern. Sie wollte wissen, wer sie gerufen habe, und wußte es ja doch." (915)

Weder spricht Feirefîz direkt mit Repanse, noch sprechen Parzivâl und Repanse miteinander. Diese Kommunikation verläuft zunächst gänzlich ohne Worte - ganz im Gegenteil zu den Rededuellen, die sich die beiden Brüder liefern. Jedoch wird die verwandtschaftliche Verbindung zwischen Parzivâl und Repanse auf subtile Weise hervorgehoben, - schließlich ist sie seine Tante, die Schwester Herzeloydes: „Und siehe, auch sie [Repanse de Schoye] hatte sein Gesicht. Und sie trug Das Ding" (840).

Auch für Parzivâl steht in Frage, wie es in Munsalvaesche weitergeht, und nur langsam öffnet auch er sich für deutliche Veränderungen; der Grâl wird ein letztes Mal hereingetragen und Feirefîz wird von Trevrizent getauft, damit er offiziell um die Grâlsträgerin werben kann.

> „[…] die Taufe war Männersache. Der Täufling hatte einen durchscheinenden Überwurf am Leibe, der ließ den Bau seiner Glieder in so vieler Herrlichkeit erkennen, daß nun doch wieder etwas wie ein Stöhnen durch den Raum ging. War jemals ein solcher Körper der Heiligkeit zugeführt worden? Aber Feirefîz ließ sich nicht länger führen, weder von Anfortas zu seiner Linken noch von Parzivâl zu seiner Rechten;" (949)

Feirefîz erreicht sein Ziel, in dem Parzivâl das erste und einzige Mal eine Frage an die schöne Jungfrau richtet: „Darum frage ich dich, als dein Verwandter, Repanse de Schoye: willst du meinen Bruder Feirefîz zu deinem Mann nehmen und ihn begleiten auf seinen Wegen, wie weit sie euch immer führen, Zeit eures Lebens?" (953). Repanse ‚blüht' auf (vgl. 953) und das neue Paar nimmt sich in die Arme. Durch diese Tatsache verbinden sich zwei bisher fremde Welten miteinander, nämlich, das (christianisierte) Heidentum und die Grâlsgesellschaft. Der Grâl wird seiner Trägerin beraubt - oder umgekehrt - und spendet statt üppiger Leckerbissen Fruchtwasser (vgl. 953), wodurch der „Geburt eines neuen Menschen" (953), respektive ihrer unterschiedlichen Welten, Tor und Tür geöffnet werden. Feirefîz und Repanse führen die Grâlsgesellschaft in den Osten und Munsalvaesche verschwindet mitsamt dem Grâl.

Zwischenbilanz: Bruder- und Bewunderungsfigur

Der Auftritt der Primärfigur Feirefîz ist in Parzivâls Leben kurz und prägnant. So plötzlich, wie sich der Bruder einstellt, verschwindet er auch wieder. Als physischer Bruder ist er fremd und vertraut zugleich. Er ist ein ebenbürtiger Kämpfer und Repräsentant der heidnischen Welt. Diese Umstände legen die Vermutung nahe, dass Feirefîz' Auftritt auf Parzivâls Weg die Position eines markant hervortretenden identitätsstiftenden Moments innehat. Dieser Sohn Gahmurets ist so ganz anders geraten als Parzivâl. Feirefîz kennt die Fragen, Nöte und Probleme nicht, denen sich sein Bruder stellen muss. Feirefîz tritt als autarker König auf, ist überzeugt von sich selbst und der Lebensfreude - mittels Ritterschaft und der Eroberung seiner Frau - zugetan. Er kommt, steht seinem Bruder bei, gewinnt seine Frau und verlässt das Abendland wieder.

Repanse de Schoye hingegen ist als Sekundärfigur ein Sinnbild dafür, dass sich eine starre Ordnung erweichen, ändern und überholen lässt. Sie ist mutig genug sich auf einen fremden Mann einzulassen und ein neues Leben zu beginnen. Für Parzivâl spielt sie die Rolle eines „Bestätigers" und sie lässt sich bewundern. Sie vertraut sich der Veränderung an und nimmt am Transformationsprozess teil. Einst war sie für Parzivâl ob ihrer Rolle unerreichbar, nun ist sie seine Mitspielerin geworden und verlässt ihn äußerlich so, wie sie ihm innerlich treu und verbunden bleibt.

Ein weiter Weg: Gâwân und Orgelûse

„Wir wollen ihm nochmals ins Auge sehen, unserem schwierigsten Paar." (964)

Gâwân ist der Sohn von König Lôt und seiner Gemahlin Sangîve und Neffe des Königs Artûs. Er wird bereits als kleiner Junge auf dem Turnier von Kanvoleis eingeführt (vgl. 97), als Herzeloyde ihren Mann erwählt. Gâwân wächst, wie Parzivâl, „ohne Vater auf und trifft im dritten Minneerlebnis die Frau seines Lebens."[107] Auch er wird standesgemäß bei Gurnemanz zu einem Artûsritter erzogen (vgl. 99), und springt dort, „wo Parzival ausfällt, [...] in der Romanhandlung ein."[108] Gâwân begegnet Parzivâl bewusst aber erst in der „Blutstropfenszene" am Plimizöl, als Artûs' Tafelrunde sich auf den Weg macht, Parzivâl zu suchen (vgl. 522). Er ist derjenige, der Parzivâls Gemütszustand erkennt - die drei Blutstropfen im Schnee haben Parzivâl in den Innenraum seiner Seele geführt, wo er erkennt, dass er sich nach seiner Frau sehnt (vgl. 529). „Ich kenne Euren Blick [...] - Ihr liebt!"

[107] Carla Carnevale, 2005, S. 245.
[108] Carla Carnevale, 2005, S. 244.

(532) sagt Gâwân und holt Parzivâl durch das Verdecken der Blutstropfen in die Außenwelt zurück. Muschg stellt in dieser Szene die Orientierungslosigkeit seines Helden in den Vordergrund.[109] Parzivâl erkennt, dass ihn seine Identität als Roter Ritter, abgesehen von seinen ritterlichen Kämpfen und Erfolgen, nicht trägt. Er legt seine Identität als Roter Ritter ab, begibt sich „aus dem ideellen poetischen Gesellschaftsentwurf der hochmittelalterlichen Dichter [...] in die Niederungen der historischen Wirklichkeit."[110] Gâwân, der ein vorbildlicher artûrischer Ritter ist - und somit auch mit der Überholtheit und Dekadenz des Muschg'schen Artûshofes zu tun hat! - werden nämlich, so wie Parzivâl, auch Vorwürfe gemacht (vgl. 556). Gâwân verabschiedet sich demutsvoll vom Artûshof, um seine Ehre wieder zu erlangen. Er ist in diesem Moment so in seine eigenen Angelegenheiten verstrickt, dass er nicht realisiert, wer sich hinter dem stummen „Blauen Wunder" (vgl. 565), das sich seinem Tross angeschlossen hat, verbirgt. Parzivâl ist es, der, ob seiner eigenen Verunsicherung, unerkannt bei jedem der Abenteuer Gâwâns dabei ist und niedere Dienste leistet. Aufschluss darüber geben die Briefe, die Gâwân an seine Tante Ginovêr schreibt. Parzivâl begleitet Gâwân stumm und unerkannt nach Bêârosche zu Obîe und Obilôt (vgl. 575 f.), nach Schanpfanzûn in Ascalûn zu Antikonîe (vgl. 591 f.), und verschwindet schließlich, bevor Gâwân nach Schastelmarveile kommt, um Orgelûse kämpft und sie versucht von ihrem Hass zu befreien (vgl. 609 f.). Parzivâl taucht erst dann aus den „Niederungen der Tatsachen" auf, wenn er sich wieder „auf der Höhe der Fabel" (570) sehen lassen kann.

Gâwân zeichnet sich vornehmlich durch Geduld und Beharrlichkeit aus und „seine Werbung um Orgelûse ist ein wahres weltliches Martyrium" (ZN 93). Orgelûse stellt Gâwân eine nahezu nicht ausführbare Aufgabe nach der anderen, bevor sie bereit ist, ihren Zorn auf Gramovlanz in Offenheit für den neuen Gefährten zu verwandeln.

Bevor Parzivâl und Gâwân wieder aufeinander treffen, stößt Parzivâl auf eine nackte Frau (vgl. 665). Weder vergewaltigt noch raubt er sie wie Jeschûte aus, sondern er stellt im Rückblick gegenüber Gâwân fest: „Ich habe sie [Orgelûse] nicht verschmäht, ihre Sache war nur nicht meine Sache" (981) - Parzivâl lässt sich von Orgelûse nicht locken. Carla Carnevale bemerkt zu dieser Stelle, dass Parzivâl „nicht den Fehler seines Vaters [begeht], der sich aus Sehnsucht nach Belakane Parzivals Mutter hingab."[111] Dieser Meinung stimme ich zu, denn Parzivâl zeigt an dieser Stelle seines

[109] Wolfram motiviert in der vergleichbaren Textstelle auch die Gralssuche und das Mitleid für den kranken Anfortas (vgl. PZ 329,16-330,30).

[110] Anke Wagemann, S. 223.

[111] Carla Carnevale, 2005, S. 124.

Weges bereits feine Wahrnehmungsorgane für wahrhaftige respektive täuschende Bedürfnisse. Was ihm aber noch nicht gelingt, ist, seine eigene Verzweiflung zu kommunizieren. Sie drückt sich noch immer in einem blinden Kampfbeginn aus. Gâwân und Parzivâl treffen gerüstet aufeinander - haben beide einen goldenen Zweig auf dem Helm und gehen aufeinander los - denn sie erkennen sich nicht.[112] Gâwân leidet noch unter den Strapazen seines Schastelmarveile-Abenteuers und denkt, dass er Gramovlanz vor sich hat. Die beiden Vettern liefern sich einen heftigen Kampf miteinander, dem in letzter Minute durch Bêne Einhalt geboten wird (vgl. 751). Parzivâl offenbart Gâwân später: „Vetter, ich habe nicht mit dir, ich habe mit mir selbst gekämpft“ (813).

Orgelûse wird im „Roten Ritter“ zunächst als Herausforderung für Anfortas eingeführt, denn ihretwegen hat er das Grâlsgebot durchbrochen (vgl. 666, 669),[113] sie ist die „Rothaarige“.[114] Sie ist eine junge schöne Witwe (von Cidegast), besitzt die Anmut von Obilôt, die Verführungskräfte von Antikonîe und den Stolz von Gâwâns Mutter Sangîve. Orgelûse ist die erste Frau, der Gâwân von sich aus seine Minnedienste anbietet - in Parzivâls „Text“ (dem Regie-Buch seines Schicksals) hingegen ‚steht sie nicht’ (vgl. 667), was sie sehr bedauert. Gramovlanz gegenüber hegt Orgelûse Rachegelüste, da er ihren Mann erschlagen hat und die Verzweiflung darüber lässt sie jeden sich ihr nähernden Mann aggressiv spüren. Sie wird als rothaarige Schönheit beschrieben, die ständig unter Anspannung steht. Ihr ‚Spielgefährte’ ist der hässliche Malcrêâtûre.[115] Ihre äußere Schönheit wird durch ihre innere Hässlichkeit - scharfe, ironisch-bissige Bemerkungen - kontrastiert.[116] Gâwân hat in dieser Hinsicht einiges zu er-

---

[112] Das Motiv des Nicht-Erkennens zieht sich durch den Roman und taucht an prägnanten Stellen der Identitätskonstituierung Parzivâls immer wieder auf: Vgl. z.B. auch die Sigûne-Parzivâl-Szenen (328 bzw. 506).

[113] Vgl. auch das Gespräch zwischen Klinschor und Herzeloyde, in dem er ihr von seinen Plänen für Schastelmarveile (respektive mit Anfortas und Orgelûse) berichtet. (155/156 und 167/168).

[114] Anfortas sagt: „Ich suchte Abenteuer. Ich war König, ich suchte die Welt, und in der Welt alle Frauen, und in allen nur die Eine. Ich glaubte sie gefunden zu haben, sie hatte rotes Haar. Und als sie mich nicht begehrte, folgte ich ihr bis ans Ende der Welt und einen Schritt darüber hinaus“ (500).

[115] In Wolframs „Parzival“ sind die Gralsbotin Kundrie und Malcreatiure missgestaltete Geschwister. Es wird berichtet, dass die indische Königin Secundille die Geschwister Anfortas zum Geschenk gemacht habe und er Malcreatiure an Orgeluse weiter geschenkt habe. Vgl. Joachim Bumke, S. 97. Bei Muschg wird diese Herkunfts- und Bedeutungsgeschichte nicht explizit dargestellt.

[116] Ganz im Gegensatz zur Grâlsbotin Kundry, die äußerlich hässlich ist, aber eine innere Schönheit, in Form von Weisheit - durch überdurchschnittliche Bildung und Sprachfähigkeit - zu Tage treten lässt.

tragen. Orgelûse hat den Tod ihres Mannes nicht verkraftet und lässt das jeden Gesprächspartner mittels Gehässigkeit spüren. Gâwân hat manches schwere Abenteuer zu bestehen, bevor er ihrem Herzen ein Stückchen näherkommt. Langsam, ganz langsam „heilt [er] die Frau, die er liebt, von ihrem Männerhaß [...]“ (ZN 93). Denn schließlich, als Gâwân alle Prüfungen bestanden hat und der Kampf gegen Gramovlanz fallengelassen wird, denn Gramovlanz will die Schwester Gâwâns, Itonjê, heiraten, gesteht sie ihm ihr Herz zu.

Orgelûse ist die einzige Frauenfigur im gesamten Roman, die annäherungsweise eine Entwicklung durchmacht, deren Potential jedoch nicht vollständig entfaltet wird, da sie am Ende der Erzählung noch nicht ganz geheilt ist und sich die Aufmerksamkeit des Romans auf Parzivâl und seine Familie beschränkt.

Gâwân und Parzivâl sind sich innerlich und äußerlich ebenbürtig, was sich durch ihre Gespräche und den unentschiedenen Kampf zeigt. „Deine Offenheit, sagt Parzivâl, beweist, daß wir Brüder geblieben sind“ (982). Genealogisch ist Feirefîz Parzivâls Bruder, auf der mitmenschlichen Ebene aber ist es Gâwân. Parzivâl bekennt in einem tief freundschaftlichen Gespräch: „Vetter, sagt er dann, es ist wahr: ohne dich hätte es meine Geschichte nicht gegeben“ (982). Es zeigt sich hier, dass die beiden einander spiegeln und sich innerlich durch den ganzen Roman hindurch nah sind - auch, wenn das äußerlich nicht der Fall ist. „Parzivâl, mit einem Wort, ist in dieser Fabel nie weiter entfernt gewesen von Gâwân, als von Parzivâl“ (761). Beide sind, auf je spezifische Art, einen weiten Weg gegangen. Und obwohl Gâwân und Orgelûse schließlich miteinander vermählt werden, gesteht der Bräutigam Parzivâl: „Es ist schwerer mit mir, sagt Gâwân leise, ich habe mein Haus nicht gefunden in der Frau, die ich liebe“ (980), Parzivâl entgegnet ihm darauf, dass er gelernt habe „das Gefundene betrachten [zu] lernen als das Gesuchte“ (983).

Erwähnenswert ist an dieser Stelle noch der Umstand, dass beide Kämpfer beginnen ihren individuellen Weg zu gehen, als sie vom Artûshof ausgestoßen werden (vgl. 760), beide machen sich, jeder auf seine Weise, auf Verwandtensuche:

> „[...] der eine, indem er den Gral findet, der sich nicht suchen läßt; der andere, indem er das nicht minder tiefe Geheimnis einer Frau löst – Orgeluse –, an dem man getrost alle Instrumente der Neurosenlehre ausprobieren kann; man würde sie eher erschöpfen als diese Figur. Dabei lebt auch sie von der Naivität des Musters. Sie ist die *Dame sans merci*, die alle kleinen Männer noch aus ihrer Schulzeit kennen und mit der die größeren Männer bis zum Ende ihres Lebens nie ganz zurandekommen. Denn sie ist immer ganz anders. Und eben darin dem Besten (und natürlich: dem Schlimmsten) in uns verwandt.“ (ZN 66)

Obgleich sich Gâwân und Parzivâl also die ganze Zeit des Romans über nah sind, hat doch jeder sein individuelles Abenteuer zu bestehen.

> „Er [Parzivâl] erfährt sie [die Verwandtschaft] auch mit dem eigenen Geschlecht in Gawan und für den Roman definitiv, in Feirefiz. Dem heidnischen Halbbruder, gegen den er nicht siegen kann und nicht mehr zu siegen braucht. Beides sind Kämpfe um seine eigene Identität: »*ih hân mich selben überstriten*«. Sich selber verwandt zu werden -, bei aller Teilung der Gefühle, und in fortgesetzter Nachbarschaft des Zweifels; die Widersprüche der Welt zur UND-Form zu erziehen: das heißt: heilsam sein auch für andere; das heißt Verwandtschaft einsehen auch mit dem Unheilbaren; das heißt: reif sein für den Gral" (ZN 62/63).

Während Parzivâls Weg also über den Grâl führt, hat Gâwân seinen Kampf in Schastelmarveile für Orgelûse zu bestehen. Trotz dieser Unterschiedlichkeit verwundert es nicht, dass Gâwân ein vertrauliches Gespräch mit seinem so anders gearteten „Bruder" führt, bevor dieser mit seiner Familie verschwindet. Die prägnanteste Aussage dieses Gespräches ist: „Nähe ist: im Andern sich selber treu sein, ohne wissen zu müssen, womit der Andere grade beschäftigt ist und wo er steckt" (761). Diese Nähe und Treue wird im postmodernen Roman zwischen den beiden Figuren Gâwân und Parzivâl entfaltet. Des Weiteren werden durch die beiden Figuren verschiedene Welten des „Roten Ritters" vorgeführt, es ist die höfische Welt der Artûsgesellschaft, die hermetisch verborgene Welt des Grâlsvolks, die abgeschiedene, bäuerliche Welt von Soltâne und die magische Welt in Schastelmarveile.

Zwischenbilanz: Spiegel- und Herausforderungsfigur

Parzivâl wird als Dümmling eingeführt, Gâwân als heldenhafter Ritter - trotz dieser disparaten Gegensätze müssen sich beide Figuren aneinander und miteinander profilieren und bewähren. Sie spiegeln und ergänzen einander, denn „[…] unser erster Held [Parzivâl] [gelangt] durch den zweiten [Gâwân] ans Ziel."[117] Gâwân ist als Primärfigur ein geistiger Bruder Parzivâls, ein perfekter Ritter und ein unglücklich Liebender. Ihre Positionierung suchen beide Helden jeweils über die Frau ihres Herzens. Gâwâns Identität, als „Spiegelfigur" für Parzivâl, entwickelt sich durch seine Frauenbegegnungen. Von einem jugendlich strahlenden Ritter wird er zu einem duldsamen, bescheidenen und demutsvollen Geliebten, während Parzivâl vom kindlichen Triebtäter zu einem verantwortungsvollen Ehemann mutiert. Orgelûse ist als Sekundärfigur eine „Herausforderungsfigur" für Parzivâl, ihre Bedeutung für ihn gewinnt sie über Gâwân. Auch sie ist es, die

---

[117] Carla Carnevale, 2005, S. 115.

das Minneabenteuer Anfortas' auslöst - sie hat die verborgenen Zügel des Geschehens in der Hand, kann sich aber ihres eigenen Traumas nur bedingt entledigen. Parzivâl hat das Glück mit seiner jungen Familie in das Stammland seiner Mutter zurückkehren zu können, für Gâwân und Orgelûse ist offen, wie und ob ihr Leben am debilen Artûshof weitergeht. Einen gemeinsamen Ort müssen sie sich - gegebenenfalls - noch erringen.

Der Einsame: Lähelîn

„Gegenspieler" (872) und „Spielverderber" (ZN 42).

Obgleich sich Parzivâl und Lähelîn erst ganz am Ende der Geschehnisse begegnen, ist er jedoch die gesamte Handlung hindurch präsent und eine potentielle Gefahr für Parzivâl, da er unberechenbar ist und aus dem Verborgenen heraus agiert. „Lähelîn ist die zur Figur gewordene Epochenschwelle zwischen Mittelalter und Neuzeit: noch als *Der Letzte Ritter* (289) auftretend, ist er bereits zum *verkörperten Inbegriff von Handel und Wandel* (805), zu einem *Verwandler von Lehen in Besitz und von Besitz in Kapital* (998), kurz: zum ersten Kapitalisten avanciert."[118] Bezeichnender Weise wird er immer wieder mit Parzivâl verwechselt - was auf eine charakterliche Affinität bzw. dessen Antonym schließen lässt: Beide fallen durch ihre Unauffälligkeit auf, Lähelîn wird außerdem durch die Eigenschaft der „Unsichtbarkeit" charakterisiert (vgl. 286). Lähelîn ist explizit nicht mit Parzivâl verwandt, aber in vielen Bereichen identisch. „Es lockte mich, diese Möglichkeit auszuspinnen: daß der Held Einem begegnet, der mit ihm identisch ist, aber nicht verwandt. Dafür mußte ich das idealtypische Niveau des Romans verlassen und auf das historische absteigen, wenigstens ein Fenster dahinaus öffnen" (ZN 68 f) erläutert der Autor.

> „Parzivâl hatte ihn noch nie gesehen und längst erkannt. Der Mann, der sich nicht mühelos, aber würdig erhoben hatte, mußte bejahrt sein, und doch war sein Alter kaum zu schätzen; sein Haar, am Scheitel gelichtet, zeigte keine Spur von Grau. Vom Mund, der sich bequem und ausdrucksvoll bewegte, liefen an beiden Winkeln Klüfte in das matt gewordene Wangenfleisch. Um so kräftiger stiegen die Jochbeine daraus hervor und ließen Raum für eine breite Augenpartie. Die geäderten, ungewöhnlich mächtigen Lider legten sich wie flache Schalen über den Blick, der, zum Spalt verengt, darum weder müde noch lauernd wirkte, sondern von wacher Zurückhaltung sprach und gesammelter Klugheit." (869)

Bereits in der Eröffnungsszene des Romans, den Vorbereitungen für das Turnier um Herzeloydes Hand, tritt Lähelîn auf. Er kontrastiert Gurnemanz

---

[118] Sabine Obermaier, 1997, S. 474.

in seiner Haltung dem Rittertum gegenüber.[119] Seine Gestalt, bzw. das über seine Person hinausgehende „Lähelînsche Wesen“ (vgl. 90), durchwebt die Geschehnisse um Parzivâls Entfaltungsweg. Er verwaltet alle drei Erbländer Parzivâls: Wâleis, Norgâls und Anschouwe, somit ist er der mächtigste Fürst (und nicht mehr König, vgl. 290) des Abendlandes (vgl. 87), und er „*gründe[t]* Städte“ (234). Muschg hat den Charakter dieser Figur, der auch bei Wolfram, allerdings eher marginal, vorkommt, ausgebaut und ihn zu einem deutlichen - aber letztendlich unterlegenen - Gegenspieler avancieren lassen.[120] „Er ist der Gegenspieler des Helden insofern, als sein materialistisches Streben mit der idealistischen Glücks- und Heilssuche Parzivâls kontrastiert.“[121] Auch die Bedeutung dieser Figur wird immer wieder erst im Nachhinein enthüllt; Lähelîn tritt als „der letzte Ritter“ (289) auf und präsentiert sich als der erste moderne und zukunftsweisende Mitspieler auf dem Lebensweg Parzivâls: Dem Kampf Parzivâls mit Gâwân und Feirefîz lässt Muschg ein Wortgefecht mit Lähelîn folgen (vgl. 872 ff.). Lähelîn trägt eine schwere Hypothek mit sich, er wird, wenn man genau liest, explizit als: „Konkurrent um die Mutter; Räuber des Erbes; Teufel in Menschengestalt“ (ZN 68) dargestellt. Lähelîn ist die einzige Figur, die die gesamte Geschichte Parzivâls kennt. Im schwefelgelben Zelt (vgl. 872) spricht er über das Turnier in Kanvoleis und dass er Herzeloyde geliebt habe (vgl. 878), dass Gahmuret ihm die zu verwaltenden Länder ‚nachgeworfen’ habe (vgl. 874), dass seine Schwester Cunnewâre Parzivâl das Lachen gegeben habe - und umgekehrt - (vgl. 878), dass Sigûne und Schiônatulander nicht in der Lage waren die Ländereien Herzeloydes zu verwalten (vgl. 877), wie gut sich Condwîr âmûrs (mit ihm) um Wâleis und Norgâls gekümmert habe (vgl. 875) und wie es bei dem Mord an Ithêr zugegangen sei sowie über den von König Artûs nicht erhaltenen Ritterschlag (vgl. 879). Lähelîn ist eine Figur, die überall dabei ist, aber nirgendwo Zugehörigkeit erlebt oder auch gestattet.[122] Er ist eine typische Einzelgängerfigur, die sich eines deutlichen Standpunkts entzieht. Abgesehen von dem Wissen um Parzivâls Weg, verfolgt Lähelîn offensichtlich neue und eigene Ziele, er ist die Figur, die aus dem Mittelalter herausragt, sich vom alten Rittertum lossagt, Städte mit ihrem Handel gründen will und in die Zukunft weist:

> „Mein Lähelin ist ein Ritter der neuen Sorte, der in der Stadt sein Glück macht, Handel und Wandel versteht, mit Geld umgehen kann, nicht mehr die Länder oder Seelen

[119] Vgl. das Kapitel über die mittelalterliche Ritter-Welt.
[120] Bei Wolfram begegnen sich Lähelin und Parzival nicht leibhaftig.
[121] Peter Arnds, S. 214.
[122] Laut Sabine Obermaier, 1997, S. 475, gehört er weder dem Grâls- noch dem Artûsgeschlecht an.

beherrschen will, sondern den Markt [...] Diesen Lähelin habe ich zum Gegenspieler des Helden avancieren lassen - mit weitreichenden und potentiell fatalen Folgen für die Stellung des Grals. Die muß sich nun gegen den Markt, und das heißt ja doch: *auf* dem Markt behaupten." (ZN 69)

Was der Grâl ist, weiß Lähelîn nicht: „Ich weiß nicht, was der Grâl ist. Aber ich weiß, er ist das Wichtigste auf der Welt, und dasjenige, um das es sich lohnt, in ihr zu sein" (877). Mit dieser Aussage - und damit der Anerkennung seines Unverständnisses! - erkennt er Parzivâl als ernstzunehmenden Mitspieler in der sich ändernden Weltordnung letztendlich an, was impliziert, dass Lähelîns eigene Zeit eigentlich vorbei ist - obwohl sie gerade erst beginnt.

Zwischenbilanz: Gegenfigur

Die Mittlerfigur Lähelîn - Gegenspieler und Zukunftsmensch - verschwindet am Ende des Romans mit Trevrizent. Vielleicht kann Trevrizent ihm dazu verhelfen, sich in ein soziales Netz zu integrieren, um als moderner Ritter dem Wandel vom Mittelalter zur Neuzeit tatsächlich die Tür zu öffnen. Sowohl die Grâls- als auch die Artûsgesellschaft sind dringend auf Transformation angewiesen. Parzivâl braucht Lähelîn für die Versorgung seiner Länder nicht mehr, da er sich selbst gefunden hat und die Aufgabe selbst übernehmen kann. Lähelîn, als unabhängige und freie Figur die sowohl in der Grâls-[123] als auch in der Artûswelt[124] ein und aus geht, hat für Parzivâl in Bezug auf die individuelle Identitätskonstituierung Nachahmungscharakter. Ein Gegenspieler avanciert zum Vorbild für den Protagonisten.

[123] Im Kapitel „Die Auswanderung. Worin 3 Eier das letzte Wunder der Grâlsburg wirken, worauf diese in den Orient umzieht" heißt es, dass auch Lähelîn anwesend ist: „Lähelîn war's, der Fürst in Person, dem der Grâl ganz offensichtlich den Zutritt nicht mehr verbot, ihn womöglich gar zitiert hatte" (955).

[124] Lähelîn „[...] gehörte inzwischen zu den eifrigsten Hoflieferanten, um sich bei Artûs die Weihe des Geschmacks und das Gütesiegel zu holen, das der Wohlgeborene entbehren kann" (546).

Parzivâl II

Bilanz: Lebenslauf im Figurennetzwerk

„Der gefragte Held ist zum aufrichtigen Frager geworden.“[125]

Durch die Figurenanalyse wird sichtbar, dass die einzelnen Figuren in Parzivâls näherem Umkreis eine - je spezifische - Wirkung auf dem Weg seiner Identitätsfindung respektive -entfaltung haben und dabei zum Teil selber Transformationsprozesse durchmachen. In dem großen Gefüge der Beziehungen lassen sich sowohl unterstützende als auch hemmende Momente für die Identitätsbildung des Protagonisten entdecken. Anerkennende als auch missbilligende Reaktionen auf Parzivâls Verhalten spielen eine Rolle, die Wirkung gesellschaftlich anerkannter Bräuche und Konventionen sowie individuell impulsiertes Verhalten stehen sich gegenüber. Normen, Werte und Haltungen werden unterschiedlich interpretiert und die Reflexionsfähigkeit des Protagonisten entwickelt sich auf Grund seines Fehlverhaltens weiter. Die verschiedenen Vernetzungen unter den Figuren, und speziell in Bezug auf Parzivâl, lassen Beziehungen unterschiedlicher Qualität sichtbar werden. Sie bewegen sich zwischen Nähe und Ferne, erkannt sein (und werden) sowie unerkannt bleiben und unsichtbar werden. Individuen repräsentieren eigene Welten und verschränken sich miteinander. Durch auftretende Ereignisse auf der Handlungsebene - im Gegensatz zu Positionen von Figuren - verändern sich Stellungnahmen und Blickwinkel, so dass Veränderungsprozesse eingeleitet werden. Als Parzivâl von Soltâne ausgezogen ist, war er nur rudimentär auf den gesellschaftlichen und den sozialen Umgang mit seinen Mitmenschen vorbereitet. Deshalb haben sich daraus für ihn Schwierigkeiten ergeben. Weder wusste er explizit, wie er sich zu verhalten hat, noch war er von seinem Reifegrad her so aufnahmebereit, dass er die Ratschläge der Mutter „richtig“ verstanden hätte und entsprechend anwenden konnte. Auch die Ratschläge und Lehren von Gurnemanz, dem zweiten Lehrer auf seinem Weg, konnte er zu diesem frühen Zeitpunkt seiner Entwicklung noch nicht individualisieren. Es blieben äußere Informationen, die Parzivâl in sein Verhalten nicht integrieren konnte. Erst die quälende Scham und die erlittenen Fehler etablieren und eröffnen eine Aufnahmebereitschaft in ihm, die ihm die Möglichkeit gibt, sich zu verändern. Zeitpunkt und Ort spielen also eine Rolle. Keine der dargestellten Figuren - mit ihren Begegnungen und entsprechenden Ereignissen - ist von Parzivâls Weg wegzudenken. Zu diesem allgemeinen Aspekt kommt hinzu, dass sowohl in Wolframs „Parzival“ als auch in Muschgs „Rotem Ritter“ die Ver-

[125] Carla Carnevale, 2005, S. 134.

wandtschaftsbeziehungen zwischen den handelnden Figuren eine explizite Rolle spielen. Das Netz der Beziehungen wird in beiden Werken ausführlich geschildert und sowohl problematisiert als auch als erlösendes Element genannt. Eine wesentliche Vertiefung der Beziehungen entsteht in Muschgs Roman dadurch, dass sich eine Verschiebung des Gewichts von der physischen Verwandtschaft zu allgemein mitmenschlicher Offenheit und Verbindung - Teilnahme am Leben des anderen - konstatieren lässt. Obgleich auch bei Muschg das Wolfram'sche Verwandtschaftsnetz besteht und präsentiert wird, intensiviert sich das Charakteristische der einzelnen Figuren auf der Ebene der mitmenschlichen Anteilnahme und der gegenseitigen Infragestellung im postmodernen Roman.

Nicht nur die einzelnen Figuren haben also einen Einfluss auf die Entwicklung und Entfaltung Parzivâls, sondern auch ihre Beziehungen untereinander. In der Schiônatulander-Figur lässt sich zum Beispiel ein Gegenkonzept zu Fähigkeiten und Prüfungen Parzivâls wahrnehmen: Sigûne ‚überprüft' Schiônatulanders kämpferische Fähigkeiten, da sie aber bei ihm nur minimal ausgeprägt sind, führen sie für ihn ins tödliche Ende. Dies steht im Kontrast zu Parzivâls Fähigkeiten auf diesem Gebiet: er hat eher zu viel davon und rennt *mit* seinen kämpferischen Fähigkeiten ins Unglück.

> „Muschg gelingt es [mit dieser Figurenzeichnung], durch diese interessante erzählerische Engführung die zwei extremen Gestalten unmittelbar aufeinander zu beziehen und dabei die drei Aspekte Rittertum, höfische Bildung und Sexualität miteinander zu verbinden, denn erst durch deren Ausbalancierung gelingt es am Ende dem Protagonisten, Frieden in die Welt zurückzubringen."[126]

Gahmuret, Parzivâl und Schiônatulander bilden in Bezug auf ihre Sexualität ein Dreieck und vertreten damit ganz unterschiedliche Positionen. Während Gahmuret in Bezug auf Herzeloyde keineswegs als „gewaltiger Held, um den sich alle Frauen reißen"[127], dargestellt wird, gelingt es Parzivâl zwar Condwîr âmûrs ehrlich zu erobern und zu heiraten, jedoch flüchtet er bald zurück in die vermeintlichen Arme seiner Mutter. Schiônatulander hingegen „bemüht sich zwar unablässig um Sigûne, doch muß er sich ihren Befehlen fügen und am Ende sogar in den Tod stürzen"[128], ohne ihre körperliche Liebe errungen zu haben.

Herzeloyde und Gurnemanz sind, in Bezug auf ihre Ratschläge, als Lehrer zu bezeichnen. Was sie jedoch beide bei ihrer *Er*ziehung vernachlässigen, ist, eine *Be*ziehung zu ihrem Schützling aufzubauen, so dass ihre Ratschläge fatale Folgen haben.

---

[126] Albrecht Classen, 2002, S. 20.
[127] Ebd.
[128] Ebd.

Anfortas leidet an einer physischen Wunde, Parzivâl wegen seiner mitmenschlichen Vergehen an einer seelischen. Im Verlauf der Handlung gelingt es Parzivâl durch die Hilfe seines sozialen Netzwerkes zu dieser Wunde zurückzukehren und sie zu heilen. Das bedeutet in seinem Fall, dass Anfortas geheilt wird. Durch mitmenschliche Anteilnahme am Schicksal des Onkels heilt sich dessen physische Wunde. Während Anfortas sich nicht selbst heilen kann und auf Parzivâls Anteilnahme angewiesen ist, gehört zu Parzivâls eigener Heilung die Heilung eines anderen.

„Während Wolfram die leidenden Frauenfiguren nur im Schatten der männlichen Helden gezeichnet hatte, sehen wir von Herzeloyde und Orgelûse ab, steigert Muschg ihren Operationsradius und ihre Möglichkeiten der Selbstfindung so sehr, daß sie als die wahren Akteure im Hintergrund des Romangeschehens auftauchen.“[129] So auch die Linie von Jeschûte über Lîâze zu Condwîr âmûrs, die für die Entwicklung der Liebesfähigkeit des Protagonisten ‚verantwortlich' sind.[130] Alle Frauenfiguren werden von Muschg deutlich positioniert und ihr Handlungsspielraum erweitert sich im Gegensatz zu dem der mittelalterlichen Vorlage. Deutlich wird außerdem, dass alle Figuren nicht nur eine Eigenschaft repräsentieren, sondern oft in Doppel- oder mit Mehrfachfunktionen auftreten und nicht auf einen Wesenszug zu beschränken sind.[131]

Ist es nun genealogische Determination,[132] die Parzivâl schließlich zurück nach Munsalvaesche führt, oder hat er tatsächlich einen Entwicklungsweg durchlaufen, der ihm zu freier Handlung verhilft? In der Figurenanalyse konnte dargestellt werden, dass Parzivâl zum Beispiel lernt, sich in unterschiedlicher Weise zu Belehrungen und äußeren Umständen zu verhalten. Sein Entwicklungsweg fordert von ihm ein eigenständiges Verständnis der Ansichten und Urteile seiner Mitstreiter zu erringen: Für die Individualisierung des Gehörten seiner Lehrer stehen in erster Linie Herzeloyde und Gurnemanz. Um einen freien und unabhängigen Umgang mit Urteilen zu erlernen, können die Begegnungen mit Sigûne, Kundry und Trevrizent gewertet werden und die Möglichkeit, Fehler wieder gut zu ma-

---

129 Albrecht Classen, 2002, S. 19.

130 Der Name Condwîr âmûrs lässt sich aus dem Französischen deuten: „conduire“: führen, leiten; „amour“: Liebe. In diesem Sinne ist Parzivâls Frau seine Führerin in Liebesangelegenheiten und dies auch im übertragenen Sinne in Bezug auf weitere zwischenmenschliche Verhältnisse.

131 Auch diese Tatsache weist auf die „Aktualisierung“ der Muschg'schen Version hin. Im mittelalterlichen Roman werden die Frauenfiguren nicht so differenziert akzentuiert dargestellt.

132 Parzivâl ist der einzige und letzte männliche Erbe des Grâlsgeschlechts. Abgesehen von ihm selber stehen der gesamten Elterngeneration Parzivâls keine Nachfolger zur Verfügung.

chen bieten ihm Jeschûte und Cunnewâre. Bewusstseinsmomente auszuhalten lernt er durch Gâwân und Trevrizent, Erkanntes aufzugreifen und durchzutragen - die Grâlssuche und die Liebe zu Condwîr âmûrs - bietet ihm sein Weg über die Artûsgesellschaft. Seine Herkunft innerlich zu durchdringen - die Zugehörigkeit zur Grâlsgesellschaft sowie zum Artûsrittertum - eröffnet ihm die wiederholte Möglichkeit über den Artûshof nach Munsalvaesche zu gelangen.

Parzivâl hebt sich in seinem Lebensmuster immer mehr von der mittelalterlichen Ritterwelt ab, und zwar sowohl vom Artûsrittertum als auch von der Grâlsgesellschaft; weit hinter sich lässt er die Welt von Soltâne; die heidnische Welt scheint er für sich nicht in Betracht zu ziehen. Dass der Protagonist wirklich einen Entwicklungsweg durchschritten hat kann man daran erkennen, dass er sich von Naivität und blindem Handeln, durch eigene ‚Verfluchung' zu Erkenntnis und schließlich durch Treue zu dem gefundenen Ziel auf seinem Lebensweg bewegt, verändert, entwickelt und entfaltet hat. Als erwachsener Mensch ist er in der Lage seine eigene Lebensposition zu bestimmen. Anders gesagt: Das Verhältnis zwischen Subjekt und Objekt verwandelt sich und Parzivâl gelingt es immer mehr Bewusstsein und Verantwortung für das, was von ihm ausgeht, in sich zu integrieren. Die Spaltung zwischen Subjekt und Objekt wird transparent und entspringt seiner sich entwickelnden Identität. „Die Subjekt-Objekt-Relation findet der Mensch nicht außerhalb seiner selbst vor, sondern er trägt sie strukturell in sich: seine Identität i s t diese Doppelstruktur. Er ist nicht entweder Subjekt oder Objekt, sondern seine Identität ist definiert durch das reflexive Spannungsverhältnis zwischen diesen beiden Weisen der Selbstwahrnehmung und Selbsterfahrung."[133] Diese innere Identität wird aber auch durch das äußere Spannungsverhältnis zwischen Subjekt und Subjekt sowie zwischen Subjekt und Objekt produktiv, sodass erst die verschiedenen Spannungsverhältnisse zu einer personalen sowie sozialen Identität führen.

Parzivâl hat also seinen Lebens- und Erkenntnisweg nicht nur sich selbst zu verdanken, sondern genauso dem Figureninventar um sich herum, das ihn in dieser Hinsicht herausgefordert hat. Gâwân gegenüber gesteht er explizit, dass es seinen Weg ohne ihn nicht gegeben hätte (vgl. 982). Insofern stimme ich auch mit Ursula Stenger überein (vgl. die Einleitung dieser Arbeit), dass sich Individuum und Welt nicht voneinander trennen lassen, sondern, dass sie als Prozessgeschehen auseinander hervorgehen und ineinander fließen. Fast scheint es, als ob unsichtbare Regisseure (die losen Zügel der Pferde!) Parzivâl den Weg von einer Station zur nächsten weisen und ihm jeweils die nächste Entwicklungsaufgabe präsentieren. Obwohl

---

[133] Hans-Georg Soeffner, S. 26.

innerhalb des „Roten Ritters“ strukturell verschiedene Welten präsentiert werden, lässt sich auch deren Verschränkung sowie die Bezugnahme einer Welt auf die andere belegen, denn Welten entstehen durch Figuren. Im „Roten Ritter“ steht keine der Figuren isoliert und außerhalb einer Welt da, im Gegenteil: Dargestellt wird sowohl die Vernetzung der Figuren als auch die der verschiedenen Welten. Identität zeigt sich also nicht durch starre Ab- und Ausgrenzung, sondern durch innere Stabilität, eine Kongruenz, die sich auch oder trotz fließender Übergänge und des Ineinandergreifens verschiedener Werte und Normen erkennen und bestimmen lässt. Ohne das Figureninventar mitsamt seinen Welten wäre Parzivâl nicht das geworden, was er am Ende repräsentiert: eine Figur, die sich innerlich frei und unabhängig, handelnd und sich wandelnd in den Fluss der Veränderungen einzulassen vermag,[134] genauso, wie er auch Feststehendes und Unveränderliches annehmen kann und respektiert. Albrecht Classen urteilt über den „Roten Ritter“, dass es

> „[...] Muschgs intimst eigenständige literarische Aussage [sei], die sicherlich in der Zukunft als eine der wichtigen Leistungen der deutschsprachigen Literatur der 90er Jahre angesehen werden wird. Es gelingt dem Autor überzeugend, auf der Vorlage des höfischen Epos moderne Analysen ethischer, sozialer, emotionsbezogener, politischer und historischer Art durchzuführen und mittels seines außerordentlichen Sprachstils tiefe Einblicke in die menschliche Psyche zu gewinnen, dabei aber niemals den fiktionalen Rahmen zu verlassen. Dieser Fortschritt kommt in Parzivâls Schlußgebet gut zum Ausdruck, bittet er ja unter Rückgriff auf einen uralten Weisheitsspruch um den Mut, das zu ändern, was sich ändern läßt, um die Gelassenheit, das Unveränderliche hinzunehmen, und um die Weisheit, diese zwei Aspekte voneinander zu unterscheiden. (RR, 958)“[135]

[134] Vgl. in diesem Zusammenhang die Definition von Habermas: „Nur der Begriff einer Ich-Identität, die zugleich Freiheit und Individuierung des einzelnen in komplexen Rollensystemen sichert, kann heute eine zustimmungsfähige Orientierung für [erfolgte] Bildungsprozesse angeben.“ Jürgen Habermas, S. 31 f.

[135] Albrecht Classen, 2002, S. 7.

Teil III - Identitätskonstituierende Elemente

Strukturelle Aspekte des Romans

Wie der Befund der Figurenanalyse deutlich macht, findet Identitätskonstituierung im Wesentlichen durch Begegnungen mit anderen Figuren statt. Dabei spielen kommunikative Prozesse auf verschiedenen Ebenen, Dialoge und innere Befindlichkeiten sowie konkrete Handlungsereignisse eine entscheidende Rolle. Des Weiteren ist aufzuzeigen, dass es strukturelle Elemente innerhalb des Romans gibt, die ebenfalls einen Beitrag an die Konstituierung und Entfaltung des Individuums leisten.

Motiv- und Figurenverschränkungen als identitätsbildende Faktoren

Durch ähnliche Ereignisse, Voraussetzungen, Anlagen oder Handlungen werden sowohl folgende Figuren innerhalb des Romans miteinander vernetzt, als auch Motive in eine Relation zueinander gesetzt, so dass ein Beziehungs- und Bedeutungsgefüge entsteht, durch das die Identitätsentfaltung des Protagonisten unterstützt, herausgestellt und befördert wird. Auch so genannte Fehler oder hemmende Einflüsse können dabei eine Rolle spielen und wirken mitunter aktivierend. Untergründig werden durch diese Verflechtungen Zusammenhänge geschaffen, die auf subtile Weise Verbindungen evozieren, was aber nicht heißt, dass ähnliche Umstände für verschiedene Figuren die gleiche Bedeutung haben. Herausgestellt werden in der folgenden konzisen Aufstellung Verknüpfungen in Bezug auf Parzivâl innerhalb seines, auch unter der Oberfläche wirkenden Netzes bzw. Beziehungsgefüges:

- Gahmuret, Gâwân, Parzivâl und Feirefîz sind alle vier vaterlos.
- Weder Gahmurets noch Parzivâls Gesicht werden beschrieben.
- Schiônatulander, Parzivâl und Anfortas verletzten sich im Turnier am Knie.
- Gurnemanz ist der ritterliche Lehrer von Gâwân und Parzivâl, Trevrizent der Schriftkundige und -gelehrte für Sigûne und Parzivâl.
- Unglückliche bzw. schwierige Liebesverbindungen zeigen sich bei Herzeloyde und Gahmuret, Sigûne und Schiônatulander sowie
- Orgelûse und Gâwân. Parzivâls Ehe steht diesen Verbindungen diametral gegenüber.
- Die drei Witwen Herzeloyde (sogar doppelt verwitwet), Sigûne und Orgelûse gehen mit ihrer Verlustsituation auf unterschiedliche Art und Weise um.
- Parzivâl übt mit Gurnemanz Ritterschaft, Anfortas mit Feirefîz.

- Ein ähnlicher Verlauf der Hochzeitsnacht ist zu konstatieren bei: Condwîr âmûrs mit Parzivâl und Herzeloyde mit Gahmuret. Die Folgen sind jedoch unterschiedlich.
- Sigûne liest Schiônatulander vor, ebenso Lîâze Parzivâl.
- Auf unterschiedliche Art und Weise machen sich Sigûne, Parzivâl und Anfortas schuldig und gehen je spezifisch mit diesem Tatbestand um.
- Gâwân schreibt Briefe an Ginovêr, Iwânet schreibt für Parzivâl Informationen auf, da er selber des Schreibens noch unkundig ist.
- Kontrastiert und damit in Beziehung gesetzt werden Herzeloyde und Condwîr âmûrs durch ihren Umgang mit dem Alleinerziehen. Mutter und Ehefrau Parzivâls verkörpern unterschiedliche Grundhaltungen dem Leben gegenüber.
- Gurnemanz und Sigûne sitzen als Lehrer beide unter einer Linde, als Parzivâl sie das erste Mal trifft. Die Linde steht in der mittelalterlichen Literatur für den Baum des Gerichts, somit werden die beiden als „richtende Figuren" Parzivâl gegenüber eingeführt.
- Parzivâl schlägt sich selbst zum Ritter, sowie er sich auch selbst verurteilt. (Dies steht im Kontrast zur mittelalterlichen Parzival-Version. Wolfram lässt dies von außenstehenden Instanzen durchführen.)
- Orgelûse wird äußerlich als schön beschrieben, innerlich hingegen als „hässlich" - dies steht im Kontrast zu Kundry, die äußerlich als hässlich beschrieben wird und innerlich als „schön".
- Kundry und Condwîr âmûrs spiegeln einander, sowie sich Gâwân und Parzivâl spiegeln - beide Paare könnten jeweils eine Individualität bilden.
- Die Grâlsgesellschaft verliert ihre Lebenskraft, die Artûsgesellschaft ihre Glaubwürdigkeit[136] - beiden fehlt eine Perspektive, so dass Parzivâl ein neues Lebenskonzept finden muss.
- Parzivâl, Lähelîn und Ithêr werden durch die Farbe rot miteinander verbunden.
- Die Darstellung der Szene der Auferweckung Anfortas', referiert an die Szene, in der Parzivâl an seinem ersten Morgen bei Gurnemanz ein Bad nimmt.
- Die Speisung auf der Hungerburg Pelrapeire ähnelt der Speisung des Grâlsvolkes in Munsalvaesche nach dem Versiegen des Grâls - dadurch werden die beiden Orte in Verbindung miteinander gebracht.
- Die „klassische" Blutstropfenszene (vgl. 532) am Plimizöl wird bereits in der Hochzeitsnacht Parzivâls[137] motiviert und am Ende des

[136] Vgl. Peter Wapnewski, S. 236.

Romans bei der Bestattung Sigûnes und im Zusammenhang mit Gardevîas über „drei Rubinen", die „die Form einer Träne" (903) haben, aufgelöst.

Die verschiedenen Motive interferieren einander und deklarieren sich als subtiles Gewebe zwischen Handlungen, Figuren und deren Bedeutungen. Deutlich wird auf diese Weise, wie (kompliziert) verwoben das Netz der Figuren und Ereignisse ist und auf welche Art diese einander spiegeln, kontrastieren, ergänzen oder ähneln.

Erzähler und Erzählen

Innerhalb der Gesamterzählung treten verschiedene Erzähler auf, die durch die Vermittlung ihrer Geschichten eine Meta-Ebene zur Handlung im „Roten Ritter" eröffnen und strukturelle Verbindungen sichtbar machen. Allerdings geht es an dieser Stelle weniger um erweiterte Inhalte, sondern mehr um eine spezielle Blickrichtung auf die Erzählenden und ihre Bedeutung im Gesamtgefüge der verschiedenen Figuren- und Handlungszusammenhänge. Schiônatulander ist so ein Erzähler - er offeriert Sigûne Geschichten aus dem Morgenland und entpuppt sich somit als *ihr* Erzähler. Sein Erzählen ist Minnedienst (vgl. 150) und mündet in dessen Übersteigerung. In der Zeit, als er im Orient ist, bietet sich Sigûne dann ein neuer Erzähler an: Gardevîas, zunächst die „mysteriöse Lesetafel" (vgl. Namensregister). Sie erzählt die Geschichte von der Wüste, durch die der Weg von einem Menschen zum anderen fast immer führt (vgl. 221). Sowohl bei Schiônatulander (vgl. 149) als auch bei Gardevîas (vgl. 226) bestimmt Sigûne, *was* sie erzählt haben möchte. Später entpuppt sich Gardevîas als Spruchband (vgl. 306) respektive Hundeleine (vgl. 308) des Bracken, der für Schiônatulanders Tod verantwortlich ist. Am Ende der Erzählung, als Sigûne beerdigt wird, stoßen Parzivâl und Trevrizent auf das mysteriöse Halsband mit seiner enigmatischen Botschaft. Trevrizent, der Wissende, versteht es zu lesen, er durchschaut die Zusammenhänge. Die Frauen in Munsalvaesche haben solche Bänder in Erwartung ihres Rufes durch den Grâl gewirkt, erklärt er, „sie arbeiteten ihre ungelebten Geschichten hinein" (vgl. 903). „Man muß sie lesen können, sagte Trevrizent. - Ich habe sie gelesen, als Herr Parzivâl das Seil einholte. Es ist die Geschichte Sigûnes. Ich stehe auch darin. Sie war deine Schwester im Lesen, Parzivâl" (903). Die Erzählung an sich, sowohl die mündliche als auch die schriftliche, bekommt auf

[137] „Drei Tropfen Blut fielen auf ein weißes Linnen; sichtbar werden müssen sie nicht, noch nicht" (453).

diese Weise eine identitätskonstituierende Bedeutung - denn das, was man innerhalb der Erzählung „das Leben“ nennt, wird hier überhöht präsentiert und in einen erweiterten Seinsbereich gehoben, die Kommunikationsebene erweitert sich. Sigûne lebt durch die Erzählung über sie selbst auf einer höheren Ebene als Text weiter und ihre Erfahrungen mit Schiônatulander bekommen die Bedeutung von etwas Allgemeinmenschlichem.

In eine deutliche Referenz zueinander treten Gardevîas als Schirm (vgl. 228) und der Grâl (vgl. 842) durch ihre jeweilige Schriftproduktion, wodurch sie beide zum Zentrum der Geschichte gehören. Gardevîas ist aber nicht der Erzähler des Romans, sondern ein Erzähler im Roman, wohingegen der Grâl auf subtile Weise auch als Quelle des Romangeschehens gedeutet werden kann.

Weitere Erzähler im Roman sind Lîâze, sie erzählt Parzivâl die Schöpfungsgeschichte, und Ekubâ, die Botschafterin Feirefîz', die im Artûskreis eine Geschichte in morgenländischer Fremdheit erzählt. Auch Anfortas erzählt, allerdings im Fiebertraum (vgl. 496) und Trevrizent spricht „selten genug, aber dann für [s]ein Leben gern“ (638). Alle diese Erzähler verführen die Zuhörer in andere Welten und geben gleichzeitig etwas von ihrer eigenen Identität preis. Patrick Heller stellt fest:

> „Eins ist allen Erzählerinnen und Erzählern gemeinsam: meist wird nur wenig von dem, was sie erzählen, wiedergegeben, sie kommen kaum dazu, wirklich zu erzählen und damit gewissermaßen für Augenblicke eine Kommunikationsebene höher zu steigen und zu Erzählerinnen und Erzählern des Romans zu werden. Es wird vorwiegend davon berichtet, daß sie erzählen; ihr Erzählen wird erzählt, doch sie erzählen nicht selbst [...].“[138]

Festgehalten werden kann aber, dass das Erzählen innerhalb des Romans die Rolle der Be- und Verarbeitung von Erlebtem spielt und auf verschiedenen Ebenen Folgen zeigt, die für einzelne Figuren eine identitätsstiftende Wirkung haben. Die erzählerische Signifikanz der verschiedenen Erzähl- und Erzählerebenen wird sowohl durch poetologische Reflexionen untermauert und innerhalb des Romans zu einem identitätskonstituierenden Faktor erhoben, als auch durch einen Perspektivwechsel innerhalb des Figureninventars zu Blickwinkelverschiebungen erweitert. Der vorliegende Roman baut in Bezug auf die Reflexionsfähigkeit der Figuren und deren Entwicklungsfähigkeiten und -steigerungen eine Hierarchie auf: die erste Stufe über sich selbst hinauszukommen, ist das Erzählenkönnen, danach könnte die Lesefähigkeit angesiedelt werden und als Schluss- oder Höhepunkt dieser Entwicklung die Fähigkeit zu schreiben.

---

[138] Patrick Heller, S. 332.

Auch Parzivâl gliedert sich auf seinem Weg in diese Reihe ein, er gehört zunächst zu denjenigen, die sich im Erzählen üben. In seiner erzählerischen Unbeholfenheit, die sich innerhalb seiner Erzählung durch einen Wechsel ins Präsens zeigt (vgl. 369/370), versucht er Gurnemanz zu Beginn seines Weges von seinen Erlebnissen zu berichten. Diese Stelle zeigt, welche Rolle die Erzählfähigkeit spielt - es ist die erste Stufe einer Bewusstseinsentwicklung und in dieser Hinsicht hat Parzivâl noch einiges zu lernen. Des Lesens wird er später durch Trevrizent kundig, allerdings ist es dafür notwendig, dass Parzivâl seine Geschichte erzählt: „Und ich will euch nicht nur lesen lehren, sondern auch recht fragen. Und um Euch fragen zu lehren, will ich Euch alles fragen, was zu Eurer Geschichte gehört“ (649). Wie es am Ende des Romans um Parzivâls Schreibfähigkeit - und damit der höchsten Reflexionsfähigkeit - beschaffen ist, bleibt offen.

Leseakte als erzählkonstituierende Elemente

„Ihr könnt nicht lesen, und wollt den Grâl suchen! Dann wißt: wer nicht lesen kann, der weiß nicht einmal, daß er zum Grâl berufen ist! Der Grâl ruft durch die Schrift, die auf ihm erscheint. Er ist selbst nichts anderes als ein Stück Schrift, das wie ein Stein vom Himmel gefallen ist. Und wer es hüten will, der muß sich selber hüten, sonst fällt ihm der Stein auf den Kopf, und die Schrift, die er nicht kennt, auf die Seele und macht sie platt.“ (648)

Trevrizent wird vornehmlich als Lehrer dargestellt, dessen Hauptaufgabe es ist, dem Grâlsvolk das Lesen beizubringen. So kommt es dazu, dass er Parzivâl das ABC lehrt, als er am Karfreitag, sündenbeladen,[139] zu ihm in die Höhle kommt. Das Lesen hat für Trevrizent den Charakter der Selbsterkenntnis, durch das Lesen entsteht die Fähigkeit zu reflektieren und darum ist es so wichtig es zu erlernen: „Bei mir beherzigt er [Parzivâl] in Trevrizents Höhle das *Alphabet* statt der christlichen Vermahnung, die ihm Wolfram dort gedeihen läßt“ (ZN 70), kommentiert Muschg. Die christliche Sündenpredigt von Wolfram mutiert zu einer psychoanalytischen Sitzung, in der zunächst erzählt wird. Des Weiteren steht danach das Lesenlernen an. Muschg lässt die Parzivâl-Figur durch dieses Vorgehen bewusstseinsmäßig im 20. Jahrhundert ankommen. In Referenz an den Prolog Wolf-

[139] Auch an dieser Stelle ist wieder ein verstecktes Zitat aus Wolframs Version zu finden, bei ihm heißt es: „hêr, nu gebt mir rât: / ich bin ein man der sünde hât“ (PZ 456,29-30), denn Muschg lässt Parzivâl wörtlich zu Trevrizent sagen: „Ich bin ein Mann, der Sünde hat“ (634).

rams, in dem der *zwîvel*[140] als Grundthema des Epos thematisiert wird, baut Muschg das Thema des Lesenkönnens in Bezug auf eigene Reflexivität aus und exemplifiziert daran die Notwendigkeit der Möglichkeit des Zweifels innerhalb der eigenen Wahrnehmung. Trevrizent bezieht genau diesen Zweifel in Bezug auf das Lesen mit ein: „Ihr könnt nicht lesen? Schon wahr, dann bleibt Euch so mancher Zwiespalt erspart; denn im Buch der Bücher steht's oft anders als im Buch der Natur, und umgekehrt schon gar" (648). Das „Buch der Natur" hat Parzivâl in Soltâne kennengelernt, jetzt geht es für ihn um das „Buch der Bücher", also um Abstraktion. Dafür ist gerade die Fähigkeit des Lesens von Schrift notwendig, die Not wendend, um ein eigenverantwortlicher und sich selbst bestimmender Mensch zu werden. „Dieser Riß zwischen Lesen und Leben geht durch die ganze Welt" (660) und gehört auf Parzivâls Weg zum Erwachsenwerden dazu.

Als des Lesens kundig, also reflexionsfähig, werden im „Roten Ritter" folgende Figuren hervorgehoben: Herzeloyde (sie liest den Brief Gahmurets), Sigûne (u. a. liest sie Herzeloyde mittelalterliche Romane vor), Ginovêr (sie liest Gâwâns Briefe), Itonjê (die sich mit Gramovlanz Briefe schreibt), Artûs (der im Streit zwischen Gâwân und Gramovlanz interveniert und im Zuge dessen Briefe liest) und das gesamte Grâlsvolk (als Leser des Grâls). Hier eröffnen sich jedoch auch Grenzen, die sich aufzeigen lassen, wenn der Grâl plötzlich beginnt, sich in einer anderen Sprache zu äußern. Zwar lassen sich die Buchstaben der Worte „That's it" (842) lesen - aber nicht mehr verstehen. An dieser Stelle dürfte selbst Trevrizent überfordert sein. Jedoch hat er sich gegen diesen Fall rechtzeitig abgesichert, wenn man die Worte „wissen" gegen „verstehen" austauscht: „Eben dazu müßt Ihr lesen können: damit Ihr es am Ende erst recht nicht mehr wißt [versteht], aber wissen [verstehen] könnt, wann Ihr es nicht mehr zu wissen [verstehen] braucht" (649). Insgesamt liegt der Befund nahe, dass sich Parzivâl „auf der Suche nach der eigenen Lesbarkeit als Seite im Buch des Lebens, als Teil eines Ganzen, dem er sich durch seine Erfahrungen zugehörig fühlt",[141] im Lesenlernen findet.

Weit über die Bedeutung der Leseakte der verschiedenen Figuren innerhalb der Gegenwart des Romans geht die Feststellung hinaus, dass sich der Autor Adolf Muschg innerhalb des „Roten Ritters" selbst als kompetenter Leser Wolframs von Eschenbach präsentiert (Vergangenheit) und dass er den Leser seines Werkes wiederum als die Hauptperson des „Roten

---

[140] „Ist zwîvel herzen nâchgebûr, / daz muoz der sêle werden sûr. / gesmaehet unde gezieret / ist, swâ sich parrieret / unverzaget mannes muot, / als agelstern varwe tuot" PZ 1,1-1,7.

[141] Carla Carnevale, 2005, S. 158.

Ritters" bezeichnet - was sowohl in die Gegenwart als auch die Zukunft des Lesers deutet und somit die Zeitschiene der Relevanz des Erzählten in die Allgemeingültigkeit überträgt. Das Kapitel IV.25 heißt: „DER LESER. Worin die Hauptperson dieses Buches ihr Geheimnis verrät und das Hundert voll macht." Seitenangabe: „*(hic et ubique)*" (1006). Auf diese Weise verschränkt sich die Bedeutung des Lesers mit der Figur Parzivâl, denn abgewandelt heißt es auch von ihm, er sei „überall und nirgends" (810). Das letzte Kapitel des Romans besteht aber in der herkömmlich zu erwartenden Form nicht. An Stelle dessen findet sich jedoch das Namenregister des Figureninventars. Leser und Figureninventar werden also miteinander verschränkt und in einen unmittelbaren Zusammenhang gebracht. Dieser Umstand deutet für mich darauf hin, dass es Adolf Muschg letztendlich vor allem auf „den Leser der Geschichte" im Allgemeinen ankommt, dessen Identität jedoch offen bleibt: Zu denken ist an den Autor Wolfram (als Leser Chrétiens), den Autor Muschg (als Leser Wolframs) die lesenden Figuren innerhalb des „Roten Ritters" und nicht zuletzt den Leser - den Rezipienten - des „Roten Ritters". Der Leser ist es, der dem Figureninventar mit all seinen Erlebnissen, Fragen, Nöten und Kenntnissen Bedeutung verleiht und dem es obliegt, sich selbst dazu in ein Verhältnis zu setzen. Sabine Obermaier konstatiert: „Entscheidend ist, daß es ein Dialog ist: Erzählen, Lesen als Dialog mit einer alten Geschichte über eine alte Geschichte über alle Zeiten hinweg durch alle Zeiten hindurch, als Aufforderung zum Dialog, zum Eigen-Text. Das Nicht-Erzählte (das 100. Kapitel) ist das eigentlich Entscheidende."[142] Der Schluss des „Roten Ritters" - sowie auch Wolframs „Parzival", wenn auch an einer anderen Stelle - bleiben offen.

> „[...] die Verweigerung seitens des Autors, das letzte Kapitel zu liefern und statt dessen den Lesern [!] aufzufordern, ‚das Hundert voll' zu machen (1006), sind die radikale Konsequenz aus dem Leseprozeß, wie er sich aus dem Roten Ritter abschält. Nachdem die Protagonisten im Text lesen gelernt haben, steht es den Rezipienten zu, die Aufgabe zu übernehmen und gleichermaßen sich mit den Lettern und Worten vertraut zu machen. Das wahre Lesen beginnt also nach der Lektüre."[143]

Der Leser des „Roten Ritters" wird also aufgefordert seinen Beitrag an die Erzählung zu leisten, sich einzubringen und zu positionieren, die Geschichte weiter zu erzählen. Dadurch wird er zum Teil des Figuren- und Beziehungsgefüges innerhalb des Romans.

[142] Sabine Obermaier, 1997, S. 486.
[143] Albrecht Classen, 1996, S. 327.

Schrift als Medium der Selbsterkenntnis

„Nur wer schreibt, der bleibt. Aber dafür muß er erst lesen gelernt haben." (660)

Auch im „Parzival" spielt Schrift eine Rolle, jedoch im Gegensatz zum „Roten Ritter" eine passive, denn in der postmodernen Version wird Schriftlichkeit zur Erkenntnisquelle erhoben. Das „Buch der Schöpfung" wird als Metapher für das erfahrbare Leben präsentiert, über das man erst bewusst reflektieren kann, wenn man die Lesefähigkeit erreicht hat. Der Gral vermittelt seine Gebote hier und dort über Schriftlichkeit. Während die Gralsgesellschaft bei Wolfram von Eschenbach die notwendige Lesefähigkeit offensichtlich auf geistiger Ebene besitzt, muss sie sich diese Fähigkeiten bei Adolf Muschg mühsam und auf irdischem Weg erwerben. Trevrizent tritt als Lehrer der Schrift und des Lesens in Erscheinung, explizit ist auszumachen, dass Parzivâl und Sigûne bei ihm lernen. „Der Grâl ruft durch die Schrift, die auf ihm erscheint. Er ist selbst nichts anderes als ein Stück Schrift, das wie ein Stein vom Himmel gefallen ist" (648), ruft Trevrizent, als Parzivâl am Karfreitag zu ihm in seine Höhle kommt.

Die explizite Ausbildung von Schriftlichkeit kann im „Roten Ritter" des Weiteren als deutliches Referenzsignal an den Dichter Wolfram persönlich gesehen werden, da er am Beginn seines Epos verkündet: „ine kan decheinen buochstap" (PZ 115,27). Ob es sich bei dieser Aussage um ein rhetorisches Mittel handelt oder ob sie der Realität entspricht, ist in dieser Arbeit nicht zu erörtern. Entscheidend ist aber, dass die Schrift in der mittelalterlichen Version keine aktive Rolle besitzt, sondern vielleicht eher eine humoristische, ironische oder metaphorische, da es dem Ritterstand versagt war, sich in dieser Richtung zu bilden. Muschg aktiviert dieses Element in der postmodernen Version und setzt die Schrift in einen Bezug zur Bewusstseinsentwicklung des Menschen im 20. Jahrhundert. „Der Gral als *alphabetisches* Symbol, als Chiffre entwickelter Literarität: *diese* Eigenschaft ist es, die ich an ihm suchen will und im Roman gesucht habe" (ZN 81). Durch diese Aussage ist nachzuvollziehen, warum die Schrift im „Roten Ritter" eine besondere Rolle einnimmt, und in engem Zusammenhang mit der Selbstentfaltung der Figuren steht. Exemplifiziert werden kann diese Bedeutung an der Figur Gâwân, die in erzähltheoretischer Hinsicht eine hervortretende Rolle bekleidet: Er ist ein persönlicher Ich-Erzähler, der über sich und seine Abenteuer Briefe schreibt, die eine deutliche Adressatin haben: Ginovêr, die Königin der Artûsgesellschaft.

Erzählen, lesen und schreiben stehen in einer hierarchischen Beziehung zueinander, die als Fähigkeiten aufeinander aufbauen. Gâwân hat seine Fähigkeit zu reflektieren - über sich und seine Erlebnisse zu schreiben - weit entwickelt. Parzivâl hat es Dank Trevrizent bis zum Lesen gebracht, vielleicht wird auch er, über die Grenzen des Romans hinaus, schreiben lernen und so seine Mitstreiter an seinem Wohl und Weh Anteil nehmen lassen. Gâwân gesteht, dass er das „Papier wie Medizin" gebrauche (537), was auf den Zusammenhang zwischen Literatur und Therapie deutet[144] und plausibel macht, welche Bedeutung die Fähigkeit des Schreibens in diesem Kontext bekommt. Erhöht steht in dieser Hinsicht der Grâl mit seiner Schrift, der eine Metapher für den Selbsterkenntnisweg des Protagonisten (und natürlich zuvor auch für den gescheiterten Anfortas!) darstellt. Am Ende des Romans transzendiert der Grâl selbst und überlässt seine erkenntniserweiternde Schriftlichkeit anderen Medien.

Das vorgenannte Bild wird in der Beerdigungsszene Sigûnes entfaltet und überhöht, hier vereinigen sich Schrift und Figur und gehen ineinander auf: „Und von draußen sahen sie mit ungläubigem Erschrecken, wie die Schrift von Parziváls ausgebreiteten Armen überlief in diejenigen der Frau [Sigûne], die sie einen Augenblick an ihr Herz zu drücken schien, bevor sie darüber zusammensank" (904). Sigûne existiert als Schrift weiter, Parzivâl hingegen eröffnen sich durch den Abschluss des Geschehens neue Möglichkeiten, die noch keiner Schriftlichkeit bedürfen.

Mit Blick auf den ganzen Roman „Der Rote Ritter" ist festzustellen, dass sich auch auf der kommunikativen Ebene die vorgenannten Elemente aufzeigen lassen: Mittels *Schriftlichkeit* wird dem *Leser* eine *Erzählung* präsentiert. Auch hier verbinden sich die Bewusstseinsebenen. Wurde Wolframs von Eschenbach Epos zu seiner Zeit im Wesentlichen über Mündlichkeit erzählt, ist es im „Roten Ritter" eindeutig die Schrift, die dem Leser zur Verfügung gestellt wird. Allerdings schließt sich der Kreis nicht so einfach, denn, wohlweislich hat Muschg die Position des Lesers in eine, im erweiterten Sinne, aktive verwandelt - geht es doch am Ende des Romans darum, die Geschichte individuell weiterzuerzählen. Die erzählte Erzählung von Wolfram kann in der Version Muschgs gelesen werden, eine weitere Version hat der Leser zu schaffen.

[144] Vgl. Muschg, Adolf: *Literatur als Therapie?* Ein Exkurs über das Heilsame und das Unheilbare.

Zur Form der Erzählung - die Erzählinstanz

„Sie [die 3 Eier] sind im Grunde nur kraft dieser Geschichte da. Denn diese ist es, die sich ihr Organ gebildet hat.“ (110)

Der „Rote Ritter“ wird vornehmlich - neben „der Fabel“ und einer zusätzlich weitgehend auktorialen Erzählinstanz - durch „3 Eier“, deren Ort die „höhere Warte“ genannt wird, präsentiert.[145]

> „Muschgs Eier sind wie Wolframs Erzähler allwissend, doch haben wir es hier mit einer gebrochenen Allwissenheit zu tun: Während sich Wolframs Erzähler-Ich noch brüsten kann, allein das zu erzählen, wozu drei (!) Erzähler alle Mühe hätten (Pz. 4,2-8), zeugt die Gerade-noch-Einheit der Erzählinstanz Muschgs mit ihren steten Streitigkeiten im *dreieinigen Nest* (RR 109) von der Fragwürdigkeit und Problematik eines Erzählens im Angesicht des Wahrnehm- und Erzählbaren.“[146]

Die Erzählung „spielt“ (Motto des Romans![147]) nicht nur mit den Inhalten und Figuren, sondern auch mit seiner Erzählform.[148] Das Spiel an sich ist für den Roman konstitutiv. Möglicherweise stehen die „3 Eier“ in Anlehnung bzw. positiver Umdeutung zu den drei japanischen Affen, die das Sprichwort „nichts sehen, nichts hören und nichts sagen“ repräsentieren. Die Muschg'schen „3 Eier“ sind: Pekadî, Kapidê und Dipekâ. Ersteres Ei besteht aus einem Mund und berichtet vom Geschehen, von den Gesprächen (und Streitigkeiten) der Eier, denn, „nicht nur die Sprache steht ihm zu Gebote, auch ein Mund“ (105). Kapidê hingegen ist ganz Ohr. Seine Hörfähigkeit geht soweit, als dass er sowohl „das Knacken eines Herzens, bevor es bricht“, als auch „das Netz der Sterne knistern“ hört (105). Dipekâ hinwiederum ist ganz Auge. Sein Sehvermögen reicht so weit, dass „er auch in jene Gegenden, die wir, stark abgekürzt, Vergangenheit und Zukunft nennen“ (106) zu sehen vermag. Gemeinsam haben die „3 Eier“ ein Gehirn und bilden dadurch eine gemeinsame Identität.[149] Ihre Namen sind anagrammatisch angeordnet und beinhalten alle den Begriff „Epik“, was

---

[145] Patrik Heller, S. 240: „Die Einheit der 3 Eier zeigt sich auch in der Schreibung: »3 Eier« ist die feste Schreibung für die Erzählinstanz, immer wird die Zahl als Ziffer geschrieben; »3 Eier« ist ein Signet, ein Markenzeichen, es steht für eine Instanz und *nicht* für drei Eier.“

[146] Sabine Obermaier, 1997, S. 481.

[147] Das Motto des „Roten Ritters“ aus „Nathan der Weise“ von Lessing lautet: „AL-HAFI: ...Heißt das spielen? NATHAN: Schwerlich wohl; / Heißt mit dem Spiele spielen.“

[148] Sowohl das allwissende Erzähler-Ich Wolframs als auch Muschgs „Agenten der Erzählung“ sind vermutlich in der jeweils zeitgenössischen Literatur einmalig.

[149] Vgl. das Kapitel I.11 (ab S. 104 im „Roten Ritter“), in dem Muschg den erzähltheoretischen Hintergrund der Romanpräsentation darstellt.

auf ihre Funktion als Erzählende verweist. Sie bilden ein Triumvirat und positionieren sich innerhalb des Romangeschehens als „Agenten der Erzählung“ und „Platzhalter der Fabel“ (113). „Nicht *sie* haben diese Fabel geschaffen, sondern umgekehrt. [...] So erhoben-erhaben sie auf ihrer Warte sitzen - sie nisten zugleich im Schoß der Fabel und können nur hoffen, dass sie nicht plötzlich aufsteht [...]“ (110). Die „3 Eier“ erzählen weitgehend unpersönlich und außenperspektivisch, richten ihr Interesse nach Parziváls Geburt aber deutlich auf dessen Entwicklungsweg und repräsentieren eine heutige reflektierende Position. Sie erscheinen, durch die „Identität der Seinsbereiche“ (Stanzel) wie ein Ich-Erzähler, allerdings in der 1. Person Plural. Das heißt, dass sie sich als ein „3 Eier-Wir“ wie ein Ich in der Gemeinschaft präsentieren - und somit auf Parziváls Position innerhalb des Figurennetzwerkes verweisen. So, wie Parzivâl für seine Entwicklung das Beziehungsnetz braucht, kann geschlussfolgert werden, dass es für die Darstellung der Erzählung stimmig ist, dass sie durch das „3 Eier-Wir“ präsentiert wird.
Die Erzählebene der „Fabel“ hingegen ist ein deutlicher Rekurs auf die mittelalterliche Erzählung Wolframs von Eschenbach und präsentiert damit die bereits bekannte Geschichte.

Dem postmodernen Autor gelingt auf diese Weise das Kunststück, die berühmte abschweifende Erzählweise Wolframs, die dieser in seinem Prolog thematisiert und in das Gleichnis des „hakenschlagenden Hasen“[150] gebracht hat, anverwandelt für seinen Text nutzbar zu machen. Abgesehen von der ungewöhnlichen und doch für den vorliegenden Roman außerordentlich nachvollziehbaren Form der Bedeutung der „3 Eier“ als Erzählinstanz, die das Geschehen somit *ab ovo* - der Ursprungsform allen Lebens! - berichten kann und auch dann nicht verstummt, wenn die „3 Eier“ vom Meierlîn in die Pfanne gehauen werden (vgl. 957 f), - weil es weitere Berichterstatter gibt - verdeutlicht auch hier ein Blick in die Tiefe der Motivverschränkungen das Ineinandergreifen der verschiedenen Ebenen: Es wird nicht nur erzählt, sondern in weiten Teilen des Romans auch über das Erzählen reflektiert. Nicht zuletzt auf Grund dieser Erzählform kann der „Rote Ritter“ als ein postmoderner Roman bezeichnet werden: Aufzuspüren ist Inter- sowie Intratextualität (mise en abyme), Reflexionen über das Erzählen selber, Variabilität der verschiedenen Erzählinstanzen, subtile zeitliche und räumliche Brüche, die Vermengung von fiktiven und realen Elementen sowie die bedeutungsvolle Funktion des Lesers. Der Diskurs zwischen dem Wolfram'schen und dem Muschg'schen Text zeigt sich u. a. in dieser Form der Erzählhaltung der verschiedenen Erzählinstanzen.

[150] „wand ez kann vor in wenken / rehte alsam ein schellec hase“ (PZ 1,18-19).

Bei genauer Betrachtung wird die Nähe der Erzählinstanz der „3 Eier" zur Grâlsburg Munsalvaesche sichtbar und damit die Bedeutung der Erzählung untermauert: „Die 3 Eier liegen, bildlich gesprochen, in einem Nest" (108) und dieses Nest gleicht Munsalvaesche, es ist „ein Bauwerk, unglaubwürdig in seiner Form. Es waren drei glatte, hintereinander versetzte Kuppeln, von mattem Weiß, wie das Gelege eines riesigen Vogels. Das Nest, in dem es ruhte, sah von weitem wie dichtes Moos aus [...]" (490). Und etwas später: „Wer Munsalvaesche von weitem erblickt, sieht ein Gehege von Eiern im dichten Moos, die Brut einer Schlange" (500). „Ähnlich geheimnisvoll wie die Grâlsburg ist das Nest der 3 Eier, und vielleicht *ist* Munsalvaesche dieses Nest. Jedenfalls erinnert es sehr an die »höhere Warte« und an »Unsere Höhe«, von der aus die 3 Eier, selbst ungesehen, die Welt mit Vorliebe betrachten, wenn Munsalvaesche die »Verborgene Höhe« (202) genannt wird."[151] Die Grâlsburg ist somit nicht nur inhaltlich der Schoß der Fabel, sondern auch erzähltechnisch: Das Geheimnis um Munsalvaesche mit dem Grâl ist mit dem Geheimnis um die „3 Eier" verknüpft und enigmatisch verbunden. Die äußere Wandelbarkeit der Burg entspricht der inneren Wandelbarkeit der Erzählung. Auch die „3 Eier" werden davon nicht ausgenommen. Heißt es doch am Beginn ihrer Einführung, dass sie kindskopfgroß (vgl. 105) seien - und am Ende, bevor sie in die Pfanne gehauen werden, dass es sich um drei hühnereiergroße Eier (vgl. 957) handele. Signifikant ist auch die Feststellung, dass in der Mitte des Romans, wenn der Protagonist in die Grâlsburg, „ins Zentrum seiner Geschichte gelangt" (489), vom Erzählen gesprochen wird. Wenn jedoch das Erzählzentrum (Munsalvaesche) am Ende des Romans verschwindet, hört die Erzählung auch so gut wie auf. Die komplexe erzählerische Anlage des Romans mit seiner speziellen Ausgestaltung des Vermittlungsprozesses verweist auf die besondere Kongruenz zwischen Inhalt und Form. Immer dann, wenn die „3 Eier" erzählen, wird vom Erzählen erzählt. Dieses Erzählen wird auf einer Ebene reflektiert, auf der gleichzeitig erzählt und kommentiert wird. Es geschieht gerade das, was Parzivâl entwickeln muss, nämlich, im Handlungsfluss zu sein und gleichzeitig Bewusstsein darüber zu erlangen, was er tut und welche Folgen sich daraus ergeben.

In diesem Zusammenhang ist auch noch auf die Figur Kyôt zu verweisen, die Muschg aus zwei Figuren zusammenfließen lässt: zum einen ist er Sigûnes Vater und Sterndeuter;[152] und es heißt von ihm, dass er in der Lage ist, das Handlungsgeschehen des „Roten Ritters" in den Sternen (voraus) zu

[151] Patrick Heller, S. 244.

[152] Der Ursprung dessen findet sich bei Wolfram im „Titurel"-Fragment.

lesen,[153] was bedeutet, dass das Geschehen auf zwei Ebenen stattfindet. Zum anderen referiert der Name der Figur an den Gewährsmann Wolframs.[154] Nicht umsonst ist auch Kyôt in der Nähe der Erzählinstanz der „3 Eier" zu verorten, trägt er doch drei Eier symbolhaft in seinem Wappen (vgl. 435) - auf diese Weise vermittelt er zwischen Fabel und Erzählinstanz(en).

Der Gesamttext des „Roten Ritters" entsteht am „Webstuhl des Größeren Meisters" (646) sagt Trevrizent und verdeutlicht damit, dass die verschiedenen Herkunfts- und Erzählebenen zusammenhängen: Die einzelnen Text-Stränge werden zur Gesamttextur des Romangewebes miteinander vernetzt. Der „Rote Ritter" ist insgesamt u. a. auch als ein Kommentar zu Wolframs „Parzival" zu lesen, die Erzählinstanzen im „Roten Ritter" erzählen und kommentieren (ihr eigenes Erzählen) und auch Wolfram von Eschenbach kommentiert seine Erzählung in seiner Erzählung und wendet sich explizit an den Leser. Letztendlich leisten verschiedene Quellen einen Beitrag: Chrétien und Wolfram, sowie Flegetanis und Kyot und nicht zuletzt der Autor Muschg, die Fabel an sich und das Erzählverfahren und -verhalten der „3 Eier". Erzählung und Kommentierung durchdringen und verschränken sich also auf allen Ebenen miteinander. Die komplexe Erzählperspektive erhärtet die These, dass die Identitätsentfaltung des Protagonisten von vielen Faktoren bestimmt wird und nicht nur aus einer Ich-Perspektive heraus zu rekurrieren ist. Die Fülle der Figuren und Ereignisse spiegeln sich im Erzählverfahren und offenbaren bei genauer Analyse einen deutlichen Zusammenhang mit dem Zentrum der Erzählung: Parzivâls Identitätsentfaltung durch das Grâlsgeschehen. Individuum und Welt sind nur in einem Atemzug miteinander zu nennen und gehen aus den verschiedensten Ebenen auseinander hervor.

---

[153] Hier wird auf die Quelle der Erzählung angespielt die Wolfram im „Parzival" nennt (PZ 416,25).

[154] Wolfram behauptet in seinem Werk, dass er nicht (nur) Chrétiens Version gefolgt sei, sondern vornehmlich eine andere Quelle genutzt habe, nämlich die französische Parzival-Dichtung seines Gewährsmanns Kyot. Der wiederum soll den Text von Flegetanis ins Lateinische übersetzt haben. Vgl. PZ 453-455,21 und Joachim Bumke, S. 244/245.

Parzivâl III

Identitätsentfaltung

„[...] wenn er nicht mehr dafür bestimmt ist, sein Glück zu suchen, sondern dazu verurteilt, es zu leben?“ (912)

Aufgezeigt werden konnte, dass das Medium der Kommunikation eine hervorgehobene Rolle auf dem identitätskonstituierenden Weg Parzivâls spielt. Parzivâls Weg ist ohne das Figurennetzwerk mit seinen Parallel-, Spiegel-, Integrations- und Kontrastfiguren nicht vorstell- oder denkbar, da es die Dichotomie der Welt einschließt, in der Parzivâl lebt. Insofern hat das Figurennetzwerk mitsamt den verschiedenen Kommunikationsebenen eine deutliche Schlüsselfunktion für ihn. Ausführlich wurde das Auftreten einzelner Figuren und vor allen Dingen die Begegnungen mit Parzivâl dargestellt, zu resümieren ist aber, dass es das Netzwerk als Ganzes ist, das Parzivâl auf seinen Weg bringt, ihn leitet und schließlich auch auffängt und trägt. Deutlich wurde, dass der Erwerb von Kommunikationsfähigkeiten eine Entwicklungssteigerung darstellt. Sein Individualisierungsprozess findet also in (und mit!) dem Figurengefüge respektive den subtilen Ereignis- und Motivverschränkungen statt und ist ohne die verschiedenen Begegnungen, Auseinandersetzungen und Gespräche nicht nachvollziehbar. Auch untereinander spielen die Figuren eine Rolle füreinander: „Dank Gawan wird sie [Orgeluse] von ihrer Last befreit, wie Anfortas dank Parzival von der seinen. So fügt die Arbeitsteilung der Helden auch Anfortas und Orgeluse, die sich *im* Roman nicht einmal begegnen, zum geschwisterlich versöhnten Paar zusammen“ (ZN 94). Das Verhalten und der Reifegrad der Einzelnen - insbesondere in Bezug auf kommunikative Fähigkeiten - hat immer auch eine Auswirkung auf das ganze Beziehungsgefüge. Gezeigt werden konnte, welche bedeutungsvolle Rolle Erzähl-, Lese- und Schreibfähigkeiten auf Parzivâls Weg gespielt haben. Ob der Prozess als ganzer tatsächlich transparent zu machen ist, bleibt problematisch, denn die einzelnen Lernprozesse sind in ihren verschiedenen Stufen nicht immer eindeutig zuzuordnen. Dass sich Parzivâls Weg aber als psychologischer Entwicklungsprozess darstellt, ist aus den vorangegangenen Aufzeichnungen evident abzuleiten. Auch in umgekehrter Blickrichtung lässt sich schlussfolgern, dass Parzivâl auf seinem Weg für die verschiedenen Figuren und deren Welten Spuren hinterlassen hat, die auch sie verändern und weiterführen: Die Grâlsburg transformiert sich, und die Artûsgesellschaft ist sich ihrer Überholtheit bewusst. Alle Figuren sind zum Zeitpunkt der Identitätsentfaltung Parzivâls an spezifischen Stellen ihres Lebens angekommen - auch sie haben sich weiterentwickelt, ihr Romandasein ist vorangeschritten: Herzeloyde und Gahmuret sind verstorben, ebenso Sigûne und Schiônatulander. Jeschûte und Cunnewâre haben einen ihnen gemäßen Platz in der Artûsgesellschaft eingenommen bzw. wiedererhalten, Ithêr ist getötet worden, Iwânet hat an entscheidenden Entwicklungs- und vornehmlich Veränderungsmomenten seines Freundes Parzivâl Anteil genommen. Gurnemanz ist verstorben, Lîâze hat einen Gemahl gefunden. Condwîr âmûrs ist Parzivâls zweite Hälfte geworden und Kundry ist gänzlich vom Spielfeld verschwunden. Ginovêr und Artûs sind sich der Vergänglichkeit ihrer Werte bewusst geworden, Anfortas wird geheilt und beginnt ein neues Leben im Orient. Trevrizent kann seine beratenden und lehrenden Fähigkeiten auf verschiedenen Ebenen zur Erkenntniserweiterung einsetzen. Feirefîz hat seinen Bruder und seine Gemahlin gefunden und Repanse de Schoye ist ihres Grâlsdienstes enthoben worden und zieht mit ihrem fremden Gemahl in den fernen Orient. Gâwân hat ritterliche und Freundschaftsdienste geleistet und seine Frau erlöst, Orgelûse hat ihr Trauma (nahezu) überwunden und Lähelîn hat begriffen, dass sich der Grâl nicht kaufen lässt.

Prononciert ist die Tatsache dargestellt worden, dass ein agierendes Individuum ohne zugehörige Welt nicht beschreibbar ist. Die vielfältigen Erfahrungen des Protagonisten, die er auf seinem langen Weg macht, und die zusammenfassend als das Leid, die Fehlerhaftigkeit des Menschen und der Schmerz beschrieben werden können, kommentiert Muschg wie folgt:

> „Und worin besteht nun seine [Parzivâls] Erfahrung: in der eingeholten Verwandtschaft mit dem Leiden in der Welt: in der Familiarität mit allem, was am Menschen getrennt, geteilt, kurzum *Wunde* ist. Parzival hat diese Verwandtschaft *ritterlich* erkannt: bei Condwir amurs, die seine Schwester wurde, bevor er sie zur Frau machen durfte; da erfuhr er seine Verwandtschaft mit dem *andern* Geschlecht. (ZN 62/63)

Das Bewusstsein dessen, mit sich selbst und dem Anderen verwandt und eins zu werden, entsteht für den Protagonisten in seiner Hochzeitsnacht, die als deutlicher Wendepunkt seines Lebens bezeichnet werden kann,[155] aber noch nicht seinen Tiefpunkt bedeutet. Dieser Tiefpunkt kann erst an der Stelle angesiedelt werden, als der Protagonist auf der Gralsburg versagt, sich schuldig macht. Aber, „schuldig macht sich jeder, [das] ist die Botschaft des Parzivalromans. Wie man mit dieser Schuld umgeht, darauf kommt es an.“[156] Diese Art Erfahrungen zu machen, beinhaltet für Parzivâl im Wesentlichen Leid anzunehmen und Schuld zu ertragen, „[...] um nach Munsalvæsche zurückzukehren und die entscheidende Frage an seinen anderen Onkel, den Gralskönig Anfortas zu stellen, woran er leide - d.h. den Weg hin zur menschlichen Sprache und Kommunikationsfähigkeit zu er-

[155] Diese Tatsache lässt sich mitunter auch deswegen hervorheben, weil sie genau in der Mitte des Textes zu verorten ist.

[156] Peter Arnds, S. 222.

obern -, um die Erlösung zu vollbringen und damit selbst zum Nachfolger erhoben zu werden."[157] Dies gelingt ihm erst, als er Verantwortung für seine Taten übernimmt, d.h. auf den verschiedenen Ebenen zu „lesen" lernt. Erst als sich Parzivâl sein Schuldigsein und seine Fehlerhaftigkeit eingesteht, Verwirrung, Leiden und das Sich-fremd-Fühlen annimmt, entwickelt er sich weiter: „Ja, man kann sagen, daß der »rechte Weg« geradezu aus Versuch und Irrtum *bestehe*; und »richtig« werde der Mensch dann, wenn er Versuch und Irrtum als seinen Weg akzeptieren kann" (ZN 39). Selbst gesteht sich Parzivâl am Ende ein: „Als ich untreu wurde, auch mir selbst, da blieb es [!] mir doch treu" (853). Parzivâl hat das Glück, dass er eine Einsicht über sein Fehlverhalten gewinnt und an die Stellen seines Lebens zurückkehren kann, an denen es „eine Wunde geworden" (624) ist und mehr noch, er kann zur Heilung dieser Wunde einen Beitrag leisten. „Meine Dummheit ging über jeden Begriff. Ich habe als Muttermörder angefangen, als Frauenschänder und Totschläger. Da habt Ihr meine Herkunft. Die Gnade hatte zu tun, bis sie mich fand" (853). Rückblickend geht es also für Parzivâl nicht nur darum seine Identität auf seinem Erfahrungsweg zu entdecken und zu entfalten, sondern auch darum sie zu bestimmen. Den Zwiespalt (*mhd. zwîvel*) zwischen Grâls- und Artûswelt, zwischen ent- und überindividualisierter Welt, den ihm seine Eltern in die Wiege gelegt haben, hat er zu überwinden gelernt und seine Identität unabhängig davon gestaltet.

Insofern ist es ihm vergönnt, nach seinem langen Weg über Irrungen, Wirrungen, Zweifel und Verfehlungen an der Stelle seines Lebens anzukommen (dort von der Gnade gefunden zu werden), wo er seine Individualität erringt. Er hat die sozialen Kontexte zu verstehen gelernt, mitmenschliche und kommunikative Elemente erübt und ist über Normen, Werte und Ratschläge soweit erhaben, dass er eigenständige Entscheidungen zu treffen vermag. Dies kann als Ziel einer gelungenen Identitätsentfaltung gelten.

Exemplarischer Lebenslauf - Modell einer Individuation

Der Problemgehalt des „Roten Ritters" ist die Findung eigener - individueller - Lebens- und Handlungsmaximen. Der Protagonist ist auf der Suche, eine Ich-Identität, die aus persönlicher und sozialer Identität besteht, zu finden. Aus dem Blickwinkel heraus, dass sich der Protagonist durch sein Leben bildet und am Ende der Erzählung eine deutliche Entwicklung gemacht hat, kann der „Rote Ritter" in gewissem Sinne ein „Bildungsroman"[158] genannt werden. Ein herkömmlicher Bildungsroman handelt gewöhnlich von der Identitätskrise eines Protagonisten. Insofern hat der „Ro-

[157] Albrecht Classen, 2002, S. 16.
[158] Vgl. z.B. Gerhart Mayer: Der deutsche Bildungsroman.

te Ritter" eher Züge eines Entwicklungsromans,[159] weil das organisierende Prinzip der gesamten Erzählung das der Entwicklung ist. „Exponent dieses Prinzips ist der Protagonist, der in seiner Funktion als Integrationszentrum der Handlung sowie der Figurenkonstellation konsequent auch zum Zentrum der Sinnbezüge wird; auf seinen Lebensgang richten sich sowohl die expliziten wie die impliziten Deutungen."[160] Diese Entwicklung bezieht sich im „Roten Ritter" auf den Bildungsweg respektive die Identitätsentfaltung des Protagonisten, und es ist nicht eine Identitäts*krise*, die er zu überwinden hat, sondern, wie ausführlich dargestellt werden konnte, ist es seine Aufgabe, seine Identität zu entdecken, zu entwickeln, zu entfalten und zu bestimmen. Eine entwickelte Ich-Identität bedeutet die Fähigkeit, auf soziale Handlungszusammenhänge, Rollenzuweisungen einzugehen, und sich gleichzeitig auch davon distanzieren zu können.[161] Die innere und die äußere Bildungs- und Entwicklungsgeschichte verlangt als Ziel eine Integration, so dass am Ende ein einzelnes, distinktes Subjekt konstatiert werden kann. Als der Protagonist im „Roten Ritter" in die Welt zieht, kennt er weder sich selbst noch Werte und Normen in der Welt.

> „Parzivâls Lebensweg aus der mütterlichen Einöde hinaus läßt ihn noch mehr als den Vater zu einer völlig asozialen Gestalt werden, der [!] nichts davon merkt, daß seine Mutter Herzeloyde wegen seiner Abreise stirbt, die Herzogin Jeschûte von ihrem Mann wegen eines vermeintlichen Liebesabenteuers mit Parzivâl verstoßen wird, daß er im Ritter Ither seinen Onkel tötet und wegen der unterlassenen Frage am Gralshof einen so schweren und tragischen Fehler begeht, daß die Welt unterzugehen droht bzw. jegliche Hoffnung auf ihre Errettung dahinschwindet."[162]

Insofern kann davon gesprochen werden, dass es die Aufgabe des Protagonisten ist, sowohl seine personale Ich-Identität, als auch eine soziale Rollen-Identität in der Welt zu erwerben. Sowohl in der Grâls- als auch in der Artûswelt verhält er sich aber zunächst unreflektiert, unkonventionell, durchbricht vorhandene Muster und macht sich schuldig. Auf Grund seiner speziellen Sozialisation ist der Protagonist am Beginn seines Weges auf persönlicher und sozialer Ebene quasi identitätslos, denn er ist namenlos.

---

[159] Dieser Begriff bezieht sich explizit auf den „Roten Ritter". Ob auch der mittelalterliche „Parzival" ein Entwicklungsroman genannt werden kann ist problematisch. Vgl. auch Rüdiger Krohn (1): „Muschg macht aus dem „Parzivâl" das, was die Interpreten immer gerne behauptet hatten, was er aber nach mittelalterlichem Verständnis gar nicht sein konnte: einen Entwicklungsroman - nicht nur im Sinn der Verwirklichung einer von vornherein definierten Vorbestimmung, sondern auch als Entfaltung einer individuellen Persönlichkeit."

[160] Helga Esselborn-Krumbiegel, S. 25.

[161] Vgl. Norbert Ratz, S. 17.

[162] Albrecht Classen, 2002, S. 15.

Seine kindlich-unschuldige Wirklichkeitswahrnehmung steht der Erwartung seiner Umwelt gegenüber und als Forderung entsteht in ihm der Wunsch, den Bruch zwischen sozialer und personaler Identität zu überwinden. Dies führt ihn in eine gewisse Identitätsverwirrung, als er die Entdeckung seiner eigenen Desintegration auf personaler und sozialer Ebene macht. Seine unreflektierten Handlungen münden in eine Selbstreflexion, die die Erkenntnis der eigenen Herkunft sowie die Anerkennung seiner Schuld einschließt. Seine äußere Desintegration mündet in eine innere Emigration, die ihn aber dazu führt, Rollen, Regeln und Erwartungen der Welt genauso anzuerkennen, wie seine eigene Lebensgeschichte, so dass eine Synthese seiner Erfahrungen entsteht.

Durch den Wechsel seiner Kleidung, das Anlegen der roten Rüstung, denkt er zunächst, seine Stellung in der Gesellschaft legitimiert und seine Identität gefunden zu haben, dies bestätigt sich aber nicht und es bedarf eines langen Weges voller Irrungen - insofern steht die Suche nach dem Grâl für die Suche nach ihm selbst -, bis auch das äußere Erscheinungsbild seinem inneren Erlebenshorizont entspricht. Innere Haltung und äußere Attribute gehören zusammen. Zu seinem Prozess gehört es, eine Sensibilität für die Brüchigkeit der Welt zu entwickeln und sie anzuerkennen. Aus diesem Prozess rekrutieren sich Kräfte für die soziale Gemeinschaft, die dem Protagonisten am Ende des Weges für seine kleine Familie zur Verfügung stehen.

Der zwar primär im Mittelalter angesiedelte Identitätsfindungsroman Muschgs entfaltet also eine Entwicklungsgeschichte auf allgemein menschlicher Grundlage und wird damit zu einer bis heute gültigen „Grundfigur des Humanen“ (ZN 37) und er erzählt, subsumiert, „vom Ende einer alten und vom Beginn einer neuen Zeit, von einer Zeitenwende, von Modernisierung und Individualisierung in historischem und gegenwärtigem Gewande.“[163] Auch Carla Carnevale urteilt ähnlich: „Die bleibende Attraktivität eines mythischen Stoffes liegt in seiner ungebrochenen Aktualität, mit der er kollektive Bewußtseinsinhalte wiedergibt und dadurch für jedes Zeitalter kompatibel bleibt. Er erlaubt uns, ihn durch seine Unauslöschbarkeit für unsere Gesellschaft neu zu deuten, ihn für unsere eigenen Unzulänglichkeiten zurechtzulegen.“[164] Festzuhalten ist, dass es nicht um eine starre Entwicklung mit verschiedenen Stufen geht, die es zu absolvieren gilt, sondern um individuelle menschliche Entwicklungen auf der Folie des Allgemeinmenschlichen. „Wir dürfen uns verwandeln, und wir bleiben uns treu. Diese Wahrheit steht nicht fest. Sie will erfahren sein. Und nur wenn man weit genug geht, erfährt man, wie nahe man sich und einander darin kommen

[163] Walter Raitz, S. 331.
[164] Carla Carnevale, 2005, S. 58.

kann“ (ZN 32). Auf dieser Ebene ist auch nachzuvollziehen, dass der Weg des Protagonisten als exemplarisch angesehen werden kann:

> „Parzival, der paradigmatisch für jeden einzelnen von uns steht, soll seine Mitmenschen als „Weltgeschwister“ erfahren, und dabei vorurteilsbehaftete Einschränkungen durch „Rasse, Stand, Geschlecht, Zweifel und Schuld“ [ZN 32] überwinden. Gegensätze sind in Muschgs Poetik nicht da, um aufgehoben zu werden, sondern um nebeneinander zu bestehen. Der Mensch birgt Gutes und Böses in sich, das Leben und der Tod bestimmen unsere Existenz, die Liebe und der Haß sind ohne einander nicht mehr eindeutig.“[165]

Gerade das ist es, was der Protagonist erfahren hat: seine Mitmenschen, das Figurennetz als „Weltgeschwister“ anzuerkennen, die es zu verstehen und zu respektieren gilt, trotz aller Unterschiede und Abweichungen. Das soziale System der Menschwerdung ist nur dann produktiv, wenn es allgemein als gegeben und prinzipiell als gut anerkannt wird. Genau diese Aussage exemplifiziert die vorliegende Parzivâlgeschichte. In Bezug auf den möglichen Erfahrungs- und Lernprozess ist sogar von einem Mythos zu sprechen:[166] „Im Mythos, seinem Wachstum, seinen Veränderungen und Umdeutungen spiegeln sich aber auch die Lernprozesse einer Zivilisation. Wir begreifen den Geist, der uns gleicht.“[167] Muschg erweitert also die Bedeutung einer persönlichen Entwicklung zu einem Lernprozess einer ganzen Zivilisation. Parzivâl steht als Protagonist im „Roten Ritter“ für das sich immer wieder aufs Neue entwickelnde Individuum, für die „Menschwerdung“[168] bzw. die „Ich-Werdung, die ohne das Du-Sagen nicht auskommt.“[169] Muschg präsentiert in seinem Roman das Allgemeinmenschliche, über die persönlichen Befindlichkeiten eines spezifischen Individuums hinaus, gerade damit, dass er eine einzigartige Entwicklungsgeschichte ex-

---

165 Carla Carnevale, 2005, S. 59/60.

166 Vgl. auch: Adolf Muschg: *Literatur als Therapie?* Ein Exkurs über das Heilsame und das Unheilbare. Frankfurter Vorlesungen. Frankfurt 1981, S. 196: „Der Forschende isoliert sich nicht nur von seiner Kultur, er konstituiert sie neu. Mit dem Bewußtsein, daß ich einen anderen Weg gehen muß, mache ich mir und anderen deutlich, daß es Wege gibt, die sich von der mythischen Vorzeichnung lösen, die man anders als frei nicht gehen kann.“

167 Adolf Muschg: *Psychoanalyse und Manipulation – oder warum ich mit diesem Thema nicht fertig wurde*. In: Adolf Muschg. Hrsg. von Manfred Dierks, S. 305.

168 Ursula Vogel schreibt im Tagesspiegel am 12.9.1993: „Es ist die „Menschwerdung“ Parzivâls, die Muschg interessiert. Vom naiven, nichts von der Welt wissenden Dümmling bis zum sich selbst findenden, Verantwortung tragenden Familienvater folgt er ihm durch Mühsal und Verwirrungen.“ Vgl. ebenso den Artikel von Ulrich-Holthausen.

169 Urs Bugmann, in: «Gott versucht sein Spiel mit uns». Luzerner Neuste Nachrichten, 10.4.1993.

emplarisch auf eine überzeitliche, überräumliche und überpersönliche Ebene hebt. Dieser Befund lässt sich auch darauf zurückführen, dass der Protagonist zwar in seiner heldenhaften Körperlichkeit dargestellt und gelobt wird, sein Gesicht - im Unterschied zu anderen Figuren! - jedoch nicht beschrieben wird: „Aber von Parzivâl gibt es kein Bild." (298). Somit wird der Figur das Persönliche genommen und das Allgemeinmenschliche und -mögliche gegeben.[170]

> „Das Archetypische ist überzeitlich; was sich darin erzählt jedoch, ist (immer wieder) historisch, ist Geschichte – eine *Geschichte* von Parzivâl. Geschichte wird präsentiert als Variation, als Wiederholung. Die nie ganz Wiederholung ist: Parzivâl wiederholt die Geschichte seines Vaters Gahmuret – aber anders (RR 453); der genesene Anfortas wiederholt Parzivâls *Geschichte mit dem Knie – beinahe* (RR 916; vgl. RR 396 ff.), die ihrerseits Schiônatulanders Knie-Geschichte (RR 264) variiert. Das déjà vu wird zur Grundfigur der Erzählung (RR 298, 377, 478, 549, 637 u. ä.). Auch Muschg wiederholt eine alte Geschichte – „mit dem zusätzlichen Faktor X der eigenen Wenigkeit und ihrer Marotten" (ZN 126)."[171]

Diese Wiederholungen werden auf allen Ebenen auch dem Leser am Schluss des Romans übergeben, wenn es darum geht, dass die Hauptperson - der Leser! - sein Geheimnis zu verraten hat.

> „Während Wolfram primär auf die religiöse Dimension achtete, greift Muschg weit darüber hinaus und holt seine Helden aus dem esoterischen Bereich des Grals zurück in das menschliche Leben, wo Liebe, Sexualität, Vertrauen, Intimität und gemeinsames Schweigen zu den neuen bestimmenden Kriterien für den Menschen werden, um individuelle [!] Glück zu erfahren – dies aber stets in der zweigeschlechtlichen Gemeinsamkeit. Treffen diese Beobachtungen zu, ergibt sich das erstaunliche Phänomen, daß der postmoderne Autor Muschg mit Hilfe des literarischen Materials Wolframs eine zukunftsgerichtete Perspektive für seine Leser entwickelt hat, denn der Appell des letzten Kapitels, hier ja nur im Inhaltsverzeichnis angeführt, geht ja direkt an das Individuum, die Aufforderungen aus dem *Roten Ritter* anzunehmen und „das Hundert voll[zumachen]."[172]

Der Autor Muschg spricht den Leser des „Roten Ritters" direkt an und nennt ihn „die Hauptperson" (1006) des Romans. Dadurch entsteht ein literarisches Kontinuum, das vom hohen Mittelalter bis in unsere Gegenwart, und sogar bis in die Zukunft führt, jeder Leser hat es jedoch für sich selbst zu gestalten.

---

[170] Vgl. auch Thomas Linden: „Eine Geschichte, die allen gehört" In: Kölnische Rundschau, 24.3.1997.

[171] Sabine Obermaier, S. 471.

[172] Albrecht Classen, 2002, S. 22.

Schlussbemerkung

Noch einmal ist darauf hinzuweisen, dass Parzivâls Entfaltungsweg ihn „mitten durch“[173] das Leben schickt und er auf seinem Weg, während er ihn geht, zu lernen hat. Es gilt, das „Abenteuer der Mündigkeit“ (928) zu bestehen und „mündet am Ende in einen selbstbestimmten Lebensentwurf.“[174] Parzivâl hat seine Identität bestimmt und ist mündig geworden - aber was nun? Die Erzählung lässt den weiteren Verlauf des Geschehens offen. („Wir dürfen doch damit leben, daß es auf unsere Fragen immer nur eine einzige wahre Antwort gibt: größere Fragen“ (983)!) Trotzdem lässt sich ein Verlauf erahnen - denn der Muschg'sche Grâl spendet (ganz im Gegensatz zu Wolframs Gral) „Fruchtwasser“ und „wem Gott die rechte Zunge gegeben hat, der schmeckt immerhin einen Anfang darin; die Geburt eines neuen Menschen“ (953). Das beteiligte Figurenpersonal steht nun an einer anderen - neuen - Stelle als zu Beginn der Erzählung, es wurde gewissermaßen neu geboren, transformiert. Wie bereits geschildert, beginnt der Roman mit dem Aufziehen eines neuen Tages und endet mit dem Beginn der Nacht, umrahmt ist die Erzählung von der Aufforderung zu schweigen,[175] was so gedeutet werden kann, dass sich neue Aufgaben und Möglichkeiten etablieren - eine neue Geschichte *kann* beginnen. Auf diese Weise gilt nicht nur für Parzivâl was Trevrizent sagt, nämlich: „Enthebe dich der Sorge, ob du für etwas, was deines Weges kommt, der Richtige seist oder der Falsche. Es kommt auf dich zu, also begegne ihm freudig im Namen des Gottes“ (946), sondern für das gesamte Figureninventar mitsamt dem Rezipienten des Romans. „Die Selbstbestimmung wird im „Roten Ritter“ zur Treue zu sich selbst und als Freiheit zum Ausprobieren von Möglichkeiten verstanden,“[176] was die Möglichkeit eröffnet, eine weitere Geschichte folgen zu lassen.

Ausführlich konnte in der vorliegenden Arbeit aufgezeigt werden, dass der Autor des „Roten Ritters“ einen Diskurs auf mehreren Ebenen entfaltet und Verknüpfungen jeglicher Art als literarisches Mittel einsetzt. Der Rezipient wird durch subtile Bemerkungen, dem dialogischen Prinzip, immer wieder in die fiktiven Geschehnisse einbezogen.

Die vorliegende Arbeit leistet zudem einen Beitrag zum differenzierten Verständnis der Reflexivität verschiedener Ebenen innerhalb des Romans, wobei die Blickrichtung auf die Identitätskonstituierung des Protagonisten fokussiert ist. Neben der Figurenanalyse, die den Interaktionsradius einzel-

---

[173] Die Bedeutung des Namens „Parzivâl“ wird im „Roten Ritter“ mehrfach explizit als „mitten durch (das Tal)“ hervorgehoben. Vgl. z.B. RR 139, 329 etc.

[174] Hubertus Fischer, S. 65.

[175] „Pst“ S. 11 und S. 992.

[176] Anabel Niermann, S. 255.

ner Figuren in Bezug auf die Fragestellung darstellt, konnte vorgeführt werden, dass auch auf der kommunikativen Ebene weitreichende Verknüpfungen existieren. Nicht nur Individuum und Welt stehen in enger Verbindung zueinander, sondern genauso die einzelnen Figuren untereinander, sowie die verschiedenen Explikations- als auch Rezeptionsebenen innerhalb des gesamten Romans.

> „Ich glaube nicht mehr, dass die Menschen dafür gemacht sind, erlöst zu werden, erwidert Parzivâl. - Sie sind dazu erschaffen, lebendig zu sein und immer noch zu werden, bis der Tod sie reif genug findet für seine Ernte. [...] Gott versucht sein Spiel mit uns. Er will wissen, ob wir als Mitspieler in Frage kommen, und diese Neugier Gottes ist der Stoff, aus dem unsere Erfahrungen sich machen." (983/984)

Muschgs „Roter Ritter" ist in jeder Hinsicht eine Einladung, ein „Mitspieler" zu werden.

Anhang

Nachwort

An dieser Stelle endet die Untersuchung des „Roten Ritters“.
Lässt sich etwas von dem, was auf literarischer Ebene untersucht und interpretiert wurde, auch auf das reale Leben beziehen? Haben Fiktion und Wirklichkeit etwas miteinander zu tun? Der folgende Epilog macht etwas von dem, was die Verfasserin während der intensiven Arbeitsphase erlebt hat, sichtbar. Und auch für diesen Text gilt, dass sich der Leser ein eigenes Urteil zu bilden hat, eigene Schlussfolgerungen ziehen kann und für sich entscheidet, was sich daraus ableiten lässt.

Epilog: Mitspieler werden

Schwenningen. Ich sitze in meinem Büro. Am Computer. Jeden Tag aufs Neue. Sechs Monate Arbeit liegen hinter mir. Mein Text ist so gut wie fertig. Noch ein paar Kommas ändern, Fußnoten überprüfen. Und noch einmal lesen, bevor ich die Arbeit über den „Roten Ritter“ abgebe. Wird sie den akademischen Richtlinien standhalten? Es war ein Abenteuer, Kunst (die Literatur) und Wissenschaft (meine Magisterarbeit) einander begegnen zu lassen. Es gab heikle Momente. Aber auch viele souveräne Stunden, in denen sich die wunderbare Erzählung Adolf Muschgs unter meinen Händen betrachten, erleben und begutachten ließ. Die Figuren haben sich tatsächlich gezeigt. Sind hervorgekommen. Eine nach der anderen. Eine ganze Landschaft hat sich gebildet. Es gab anstrengende Momente, äußerste Konzentration fordernde und mühsame Abschnitte. Aber es gab nicht eine Sekunde, in der ich gedacht habe, dass ich mich dem falschen Werk gewidmet hätte...

Sich einem literarischen Werk zu nähern heißt, Türen zu öffnen. Willentlich öffnen und nicht wissen, wer oder was davor steht oder hereinkommt. Das Besondere an dieser Tür ist es, dass sie sich nach zwei Seiten hin öffnen lässt. Nicht nur nach vorne, zum Werk hin, sondern auch nach hinten, zu sich selbst. Innerlich zurücktreten, aufnehmen, zuhören, annehmen und bewahren. Das braucht ein Text, um sich Raum zu verschaffen. Erst wenn das Außenstehende, die Worte und damit die Geschichte, einen Weg in das Innere finden, kann sie sich ausbreiten und in ihrer eigenen Sprache zu sprechen beginnen. Meine Aufgabe war es, eine wissenschaftliche Arbeit über einen literarischen Text zu schreiben, die jeden Schritt, den ich gehe belegt, die Forschung einbezieht und das Persönliche - die Berührung durch den Text - außen vor lässt. Ich glaube, dass dies gelungen ist. Ein halbes Jahr intensive Arbeit - lesen, lesen und nochmals lesen. Ein inneres, ein stilles Gespräch führen. Mit Autoren, Figuren, Gedanken, Forschungsmeinungen, ja und mit mir selber. Und dann, irgendwann, hieß es schreiben. Beschreiben. Herleiten. Erklären. Urteilen. Mir ein Urteil bilden und das dann begründen. Eben wissenschaftlich arbeiten. Das war harte Arbeit. Aber sie hat dazu geführt, dass ich souverän über den „Roten Ritter“ sprechen, mitreden kann. Einiges ist bei mir angekommen. Und dies nicht nur auf einer persönlichen Ebene, sondern gerade auch auf einer wissenschaftlichen, abgehobenen, sachlichen - eben der literaturwissenschaftlichen Ebene, auf der sich geisteswissenschaftliche Forscher bewegen und miteinander konferieren. Auf dem Papier ist eine zwar warme, aber dennoch wissenschaftlich genaue Arbeit entstanden. Die Ebene meiner Betroffenheit, meiner Berührtheit und auch meiner inneren Beteiligung hat darin keinen Platz. Eine persönliche Reflexion über einen Arbeitsprozess hat nichts mit Wissenschaft zu tun.

Oft wurde ich gefragt, warum ich mich mit *so einer alten* Geschichte beschäftige, die von einem Ritter im Mittelalter handelt. Wie absurd! Wie weltfremd... Das einzige, was mich in diesem Zusammenhang immer wieder gerettet hat, ist die Tatsache, dass Adolf Muschg als Autor dieses dicken Buches ein geachteter und, vor allem, lebendiger Zeitgenosse ist! Das hat die Menschen nachdenklich gestimmt. Dadurch erhielt mein Ansinnen eine gewisse Legitimation und ich fühlte mich nicht gänzlich in eine verstaubte Schublade gelegt. In Bezug auf den Inhalt konnte ich nur sagen, dass mich Parzivâls Weg fasziniert, dass da irgendwie etwas dran ist. Dass ich ihn in seiner Unbeholfenheit mag. Und dass ich mich auf seinem Weg erkenne und das Gefühl habe, dass es um etwas Allgemeinmenschliches und höchst Gegenwartsbezogenes geht. Und so ist es auch. Im Verlauf der Arbeit haben sich neue Räume für mich geöffnet, ganz still und leise - denn mit wem konnte ich schon über die Feinheiten des „Roten Ritters“ wirklich reden? Auf dem Papier ist davon nicht so viel zu finden. Aber der „Rote Ritter“ hat etwas gemacht, gebracht, bewegt. Und davon gilt es hier zu schreiben, denn es ist der Wert literaturwissenschaftlicher Arbeiten.

Ging es doch darum, die „Konstituierung eines Subjekts“ zu verfolgen, „Identitätsentfaltung“ herauszuarbeiten und zu beschreiben. Die langen Wege mitzugehen, Erfahrungen zu sammeln, Verstörungen zu erleben und neue Höhen zu erklimmen. All dies galt dem literarischen Protagonisten Parzivâl und seinem sozialen Netz. Natürlich habe ich schon vor Beginn der Arbeit geahnt, dass ich mit der Erzählung etwas zu tun habe - über das reine Interesse hinaus - denn schließlich stand ich ihr ja mit großer Sympathie gegenüber - aber was genau, dass wusste ich nicht. Die Beschäftigung mit dem Werk hat es mir gezeigt. Ich dachte zunächst, dass es sich einfach um eine spannende Lektüre handele, eine mit irgendeiner Vorbildfunktion, so dass ich vielleicht einige Bereiche auf die meines eigenen Lebens übertragen könne. Aber, was hatte ich schon mit einem „Muttermörder, Frauenschänder und Totschläger“ zu tun? Und es kam anders. Ganz anders. Es hat sich etwas Unerwartetes gezeigt. Zwei Dinge sind es, die in mir leben und sich zusammenfassen lassen. Zwei Türen haben sich geöffnet - und wiederum: eine nach innen und eine nach außen.

Eines ist die Form, der Stil, der Duktus, in dem die Erzählung geschrieben ist: Ich bin, als intensive Leserin, im Laufe der Zeit ein Teil des Dialoges geworden. Des inneren Dialoges zwischen dem Text und mir. Ja und dann des Dialoges zwischen Muschg und Wolfram, den Figuren und den offenen Fragen, die ausgebreitet vor mir liegen. Das ist ein Geschenk. Der literarische Diskurs ist offen. Der Text bietet ihn an. Ich bin durch diese Tür zu mir selbst gegangen.

Das Andere ist ein inhaltlicher Aspekt, den Parzivâl nach seinem weiten Weg ganz still und leise präsentiert, und der mich berührt: Was er nach all seiner Mühe zeigt, ist, dass er ein Mitspieler geworden ist. Im Leben. In seinem Leben. Das lässt sich übertragen. Auf das fiktive oder das reale Leben, das frühlingshafte oder herbstliche. Egal wo, egal wann, egal wie.
Aber: sich einbringen. Und nicht ein Zaungast, Zuschauer, Erdulder, Erleider oder was auch immer bleiben. Es geht darum dabei zu sein. Mitzumachen. Eben: mitzuspielen. Jeder in *(s)einer* Geschichte von (und mit) Parzivâl. Diese Tür führt in die Welt.

April 2008

Dank

Sehr herzlich möchte ich mich bei Prof. Dr. Volker Mergenthaler bedanken, der sich auf das Abenteuer eingelassen hat, mich in der Arbeit über den „Roten Ritter“ an der Universität Tübingen zu betreuen und dessen Tür für mich immer offen stand, sowie bei PD Dr. Anna Mühlherr, die mir in ihrem Seminar tiefe Einblicke in den „Parzival“ Wolframs von Eschenbach gegeben hat. Ebenso möchte ich Dr. Wolfgang Kaußen vom Suhrkamp Verlag in Frankfurt für seine Hilfsbereitschaft und Kooperation in Bezug auf Literaturrecherche und Vermittlung danken, der Lektorin des „Roten Ritters“, Elisabeth Borchers, mit der ich am 21.6.2007 ein Gespräch haben durfte, sowie Adolf Muschg für sein wunderbares Buch und das Gespräch, das wir am 11.10.2007 in Frankfurt darüber hatten.

Des Weiteren gebührt mein expliziter Dank:

Carla van Dijk, Sigrid und Wolfgang Garvelmann, Thomas Haldan,
Michaela Hordijk, Hannelore Ingwersen, Anja und Michael Koneczny,
Jelle van der Meulen, Barbara Möri, Elfriede Nunnenmacher, Monika
Pannitschka, Françoise di Ronco, Lilo Saba sowie meiner Familie
Kurt Wolff-Pannitschka, Rosa, Fabian und Mira Pannitschka.

Siglenverzeichnis

RR *Der Rote Ritter* von Adolf Muschg

ZN *Herr, was fehlt Euch? Zusprüche und Nachreden aus dem Sprechzimmer des heiligen Grals* von Adolf Muschg

PZ *Parzival* von Wolfram von Eschenbach

Literaturverzeichnis

Altwegg, Jürg: Der schreibende Ritter. In: Bücherpick. Das aktuelle Buchmagazin, Nr. 2, 1993, S. 16-25.

Arnds, Peter: Adolf Muschgs Parzivalroman *Der rote* [!] *Ritter* und die Schweizer Mitschuld am Holocaust. In: Medieval German Voices in the 21st Century. Edited by: Albrecht Classen. Rodopi, Amsterdam - Atlanta, GA 2000. S. 211-226.

Bättig, Josef: «Als Rohling begonnen im Zelt am Fluss». Adolf Muschgs Roman «Der Rote Ritter - eine Geschichte von Parzivâl». In: Luzerner Zeitung, Nr. 87, 16.4.1993.

Bertau, Karl: Der Gral im Streik. Adolf Muschgs Parzivâl-Roman. In: Evangelische Kommentare, Nr. 6, Juni 1993, S. 361-364.

Brielmaier, Peter: Die Gegenwart im Gewand der Parzival-Mode. Adolf Muschg Versuch, einen alten Stoff neu zu erzählen, und eine Neuübersetzung des Originals durch Peter Knecht. In: Mittelbayerische Zeitung, 5.5.1993.

Bugmann, Urs: «Gott versucht sein Spiel mit uns». Adolf Muschgs «Der Rote Ritter. Eine Geschichte von Parzivâl». In: Luzerner Neuste Nachrichten, Nr. 83, 10.4.1993.

Bumke, Joachim: Wolfram von Eschenbach. Sammlung Metzler, Stuttgart, 8., völlig neu bearbeitete Auflage, 2004.

Carnevale, Carla: Trevrizents Rolle in Adolf Muschgs Roman *Der Rote Ritter*. In: Durch aubenteuer muess man wagen vil. Festschrift für Anton Schwob zum 60. Geburtstag. Hg. von Wernfried Hofmeister und Bernd Steinbauer. Innsbrucker Beiträge zur Kulturwissenschaft. Germanistische Reihe Band 57, 1997, S. 61-72.

Carnevale, Carla: Gesellenstück und Meisterwerk. Adolf Muschgs Roman *Der Rote Ritter* zwischen Auserzählung und Neuschöpfung des *Parzival*. Peter Lang AG, Europäischer Verlag der Wissenschaften, Frankfurt, 2005.

Classen, Albrecht: Der Text, der nie enden will. Poetologische Überlegungen zu fragmentarischen Strukturen in mittelalterlichen und modernen Texten. In: Zeitschrift für Literaturwissenschaft und Linguistik, Heft 99, September 1995, S. 83-113.

Classen, Albrecht: Seinskonstitution im Leseakt. Adolf Muschgs *Der Rote Ritter* als Antwort auf eine mittelalterliche These. In: Etudes Germaniques 51, 1996, S. 307-327.

Classen, Albrecht: Erotik im Mittelalter - Sexualität in der Moderne. Die Welt von König Artus im Spannungsfeld von Gestern und Heute. Adolf Muschgs *Der Rote Ritter* als Rezeptionszeuge und Ausblick auf Morgen. In: Wirkendes Wort. Deutsche Sprache und Literatur in Forschung und Lehre, Heft 1, April 2002, S. 4-23.

Adolf Muschg. Hrsg. von Manfred Dierks. Suhrkamp Verlag, Frankfurt, 1989.

Dilthey, Wilhelm: Das Erlebnis und die Dichtung. Teubner Verlag, Leipzig/Berlin, 1924, 9. Auflage.

Ehrismann, Otfrid: Jeschute, or, How to Arrange the Taming of a Hero: The Myth of Parzival from Chrétien to Adolf Muschg. In: Studies in Medievalism 8, 1996, S. 46-71.

Esselborn-Krumbiegel, Helga: Der „Held“ im Roman. Formen des deutschen Entwicklungsromans im frühen 20. Jahrhundert. Wissenschaftliche Buchgesellschaft, Darmstadt, 1983.

Fischer, Hubertus: Alter und neuer Parzivâl: Wolfram von Eschenbach und Adolf Muschg. In: Studia Germanica Posnaniensia 25, 1999. S. 61-68.

Fuld, Werner: Adolf Muschgs Ritter. Ein Parzival fürs Damenprogramm. In: Frankfurter Allgemeine Zeitung, Nr. 75, 30.3.1993.

Gerhard, Melitta: Der deutsche Bildungsroman bis zu Goethes „Wilhelm Meister". In: DVjs. Bd. 9, Niemeyer Verlag, Halle (Saale), 1926.

Gölz, Peter: Mythen als Therapie? Adolf Muschgs Illustrationen der Psychoanalyse. In: Neophilologus 78, 1994. S.437-461.

Gölz, Peter: Von Ödipus zu Parzival: Inter- und Intratextualität bei Adolf Muschg. In: Neue Perspektiven zur deutschsprachigen Literatur der Schweiz. Hrsg. Von Romey Sabalius. Amsterdam [u.a.]: Rodopi 1997. (=Amsterdamer Beiträge zur neueren Germanistik. 40.) S. 215-225.

Greiner, Ulrich: Die Entsorgung des Grals. In: DIE ZEIT, Nr. 14, 2.4.1993.

Habermas, Jürgen: Können komplexe Gesellschaften eine vernünftige Identität ausbilden? In: Habermas, Jürgen/Henrich, Dieter: Zwei Reden aus Anlaß der Verleihung des Hegel-Preises, Suhrkamp Verlag, Frankfurt a.M., 1974. S. 25-84.

Hänsch, Irene: Parzival. *der nam ist rehte enmitten durch.* Zum Problem von Namen und Identität in Wolframs Parzival. In: Euphorion 76, 1982, S. 260-274.

Haug, Walter: Parzival ohne Illusionen. In: Haug, Walter: Brechungen auf dem Weg zur Individualität. Studienausgabe. Niemeyer Verlag, Tübingen, 1997. S.125-139.

Hein, Christoph: Die Ritter der Tafelrunde. Eine Komödie. Luchterhand Literaturverlag, Frankfurt, 1989.

Heller, Patrick: „Ich bin der, der das schreibt" Gestaltete Mittelbarkeit in fünf Romanen der deutschen Schweiz 1988-1993. Hermann Burger, *Brenner*; Lukas Hartmann, *Die Seuche*; Eveline Hasler, *Die Wachsflügelfrau*; Adolf Muschg, *Der Rote Ritter*; Otto F. Walter, *Zeit des Fasans*. Peter Lang AG, Europäischer Verlag der Wissenschaften, Bern, 2002.

Holthausen, Ulrich: Parzival - eine Geschichte der Menschheit. In: Sindelfinger Zeitung, 14.9.1993.

Homann, Ursula: Parzival im modischen Gewand. In: Zeitwende 65, 1994, Heft 1, S.56-58.

Jacobs, Jürgen und Krause, Markus: Der deutsche Bildungsroman. Gattungsgeschichte vom 18. bis zum 20. Jahrhundert. Verlag C. H. Beck, München, 1989.

Jandl, Paul: Ein Roman der erstaunlichen Fälschungen. In: Der Standard, Album, 7.5.1993.

Köhn, Lothar: Entwicklungs- und Bildungsroman. Ein Forschungsbericht. J. B. Metzlersche Verlagsbuchhandlung, Stuttgart, 1969.

Krättli, Anton: Große Oper aus der Spieltruhe. Eine Parzival-Geschichte von Adolf Muschg. In: Schweizer Monatshefte, September 1993, 73. Jahr, Verlag der Gesellschaft Schweizer Monatshefte, Zürich, 1993, S. 737-742.

Krohn, Rüdiger (1): Adolf Muschgs Parzival-Roman „Der Rote Ritter". „Nur eine von vielen möglichen Geschichten." In: Badische Neueste Nachrichten, 4./5.9.1993.

Krohn, Rüdiger (2): „Annäherung durch Ferne oder Entfremdung durch Nähe" Parzival heute: Varianten der Aneignung in Adolf Muschgs „Rotem Ritter" und Peter Knechts Übersetzung. In: Badische Zeitung, 4./5.9.1993.

Linden, Thomas: „Eine Geschichte, die allen gehört" In: Kölnische Rundschau, 24.3.1997.

Linsmayer, Charles: Am Ende macht der Gral sich selbst überflüssig. Adolf Muschgs Parzival-Roman «Der Rote Ritter» konfrontiert uns mit der Welt des Mittelalters und einem kraftlos gewordenen Mythos. In: Der kleine Bund, Nr. 66, 20.3.1993.

Luckmann, Thomas: Persönliche Identität, soziale Rolle und Rollendistanz. In: Identität. Hrgs. von Odo Marquard und Karlheinz Stierle. Fink Verlag, München, 1979. S. 293-314.

Luhmann, Niklas: Liebe als Passion. Zur Codierung von Intimität. Suhrkamp Verlag, Frankfurt, 1994.

Matt, Beatrice von: Im Banne feingewirkter Tapisserien. Adolf Muschgs «Parzivâl»-Roman. In: Neue Zürcher Zeitung, 27./28.3.1993.

Matt, Peter von: Parzival rides again. Vom Unausrottbaren in der Literatur. In: Forum. Materialen und Beiträge zur Mittelalter-Rezeption. Band III. Hrsg. von Rüdiger Krohn. Kümmerle Verlag, Göppingen, 1992. S. 81-90.

Mayer, Gerhart: Der deutsche Bildungsroman. Von der Aufklärung bis zur Gegenwart. Metzlersche Verlagsbuchhandlung, Stuttgart, 1992.

Mertens, Volker: Come along and meet the Red Rider. In: Neue deutsche Literatur. 41. Jahrgang, Heft 5, 1993. S.139-142.

Mischke, Roland (1): Der moderne Ritter. In: Stuttgarter Nachrichten, 21.7.1993.

Mischke, Roland (2): Der Raubritter als Held der Gegenwart. Adolf Muschgs Geschichte von Parzival. In: Rheinische Post, 7.8.1993.

Müller, Ulrich: Ein langer Irrweg durch die Welt. Auf den Spuren des Parzival-Mythos - Adolf Muschg gewinnt dem Stoff eine verblüffende Aktualität ab. In: Deutsches Allgemeines Sonntagsblatt, Nr. 15, 9.4.1993.

Müller, Ulrich: Minnesangs Zweiter Frühling: Moderne Spiele mit alten Texten. Oscar Sandner 1973, Eberhard Hilscher 1976, Heide Stockinger 1992, Adolf Muschg 1993. Mit einem Epilog: Johann Barth 1993. In: Sprachstil und Lachkultur. Beiträge zur Literatur- und Sprachgeschichte. Rolf Bräuer zum 60. Geburtstag. Hg. von Angela Bader, Annemarie Eder, Irene Erfen, Ulrich Müller. Heinz Verlag, Stuttgart, 1994. S. 323-340.

Muschg, Adolf: Literatur als Therapie? Ein Exkurs über das Heilsame und das Unheilbare. Suhrkamp Verlag, Frankfurt, 1981.

Muschg, Adolf: Mäßigung. (Vorabdruck aus dem „Roten Ritter".)
Muschg, Adolf: Schreibauskunft. (Fragen von Achim Roscher.)
Beides in: Neue deutsche Literatur. 38. Jahrgang, Heft 7, 1990. S.33-57.

Muschg, Adolf: Der Rote Ritter. Eine Geschichte von Parzivâl. Suhrkamp Verlag, Frankfurt, 1993.

Muschg, Adolf: Liebe - eine Zumutung. In: Süddeutsche Zeitung, Magazin, 12.3.1993.

Muschg, Adolf: Herr, was fehlt Euch? Zusprüche und Nachreden aus dem Sprechzimmer des heiligen Grals. Suhrkamp Verlag, Frankfurt, 1994.

Niermann, Anabel: Das ästhetische Spiel von Text, Leser und Autor. Intertextualität neu gedacht an Adolf Muschgs *Parzival*-Rezeption *Der Rote Ritter*. Eine Geschichte von *Parzival* am Beispiel der Frauenfiguren. Peter Lang AG, Europäischer Verlag der Wissenschaften, Frankfurt, 2004.

Noltze, Holger: Parzivals Rebirthing. In: Die Tageszeitung (taz), 30.7.1993.

Nüchtern, Klaus: Der Gral, ein Wanderpokal. In: Stadtzeitung Wien, 23.-29.4.1993.

Obermaier, Sabine: „Die Geschichte erzählt uns" - Zum Verhältnis von Mittelalter und Neuzeit in Adolf Muschgs Roman *Der Rote Ritter. Eine Geschichte von Parzivâl.* In: Euphorion 91, 1997, S. 467-488.

Obermaier, Sabine: Adolf Muschgs ‚Der Rote Ritter' im Kontext der deutschsprachigen Parzival-Rezeption des ausgehenden 20. Jahrhunderts. In: Parzival. Reescritura y transformación. Hrsg. Von Karen Andresen, Hang Ferrer Mora, Isabel Gutiérrez Koester und Frank Kaspar unter der Koordination von Berta Raposo Fernández. Valéncia: Universitat de Valéncia, Departament de Filologia Anglesa i Alemanya, 2000, S. 253-268.

Püschel, Ursula: In jedem Ende ein Anfang. „Der Rote Ritter", ein Roman von Adolf Muschg. In: Neues Deutschland, 26.11.1993.

Raitz, Walter: Grals Ende? Zur Rezeption des Parzival/Gral-Stoffes bei Tankred Dorst, Christoph Hein, Peter Handke und Adolf Muschg. In: Der fremdgewordene Text. Festschrift für Helmut Brackert zum 65. Geburtstag. Hg. Von Silvia Bovenschen, Winfried Frey, Stephan Fuchs, Walter Raitz und Dieter Seitz. Walter de Gruyter, Berlin, 1997, S. 320-334.

Ratz, Norbert: Der Identitätsroman. Eine Strukturanalyse. Max Niemeyer Verlag, Tübingen, 1988.

Reus, Katharina (1): Über die Alltagssorgen eines Helden. Adolf Muschgs eigene Beschreibung der Parzival-Sage im Roman „Der Rote Ritter“. In: Allgemeine Zeitung Mainz, 27.7.1993.

Reus, Katharina (2): Alltagssorgen eines Helden. Adolf Muschgs Parzival-Roman „Der Rote Ritter“. In: Wiesbadener Tagblatt, 5.8.1993.

Rüedi, Peter: Reise ans Ende der Geschichten. Peter Rüedi über Adolf Muschgs Parzivâl-Roman «Der Rote Ritter». In: Die Weltwoche, Nr. 11, 18.3.1993.

Schafroth, Heinz F.: Grals- und Gratwanderung. Adolf Muschgs Parzival-Roman „Der Rote Ritter“. In: Frankfurter Rundschau, 17.4.1993.

Schlösser, Hermann: Lange Wege sind fällig in der Welt dieser Fabel. Herman Schlösser über Adolf Muschgs Buch „Der rote [!] Ritter“. In: manuskripte. Zeitschrift für Literatur. 34. Jahrgang, Juni 1994, S. 117-124.

Scheiffele, Eberhard: „Noch einmal bei Null. Nicht nichts“: Adolf Muschgs ‚Der Rote Ritter. Eine Geschichte von Parzivâl’. In: Scheiffele, Eberhard: Über die Rolltreppe. Studien zur deutschsprachigen Literatur. Iudicium Verlag, München, 1999, S. 99-109.

Schulz, Christian: Was noch niemand über die Liebe weiß. In: Südwest Presse, 5.4.1993.

Soeffner, Hans-Georg: „Typus und Individualität“ oder „Typen der Individualität“? - Entdeckungsreisen in das Land, in dem man zuhause ist. In: Typus und Individualität im Mittelalter. Hrsg. von Horst Wenzel. Fink Verlag, München, 1983, S.11-44.

Stenger, Ursula: Schöpferische Prozesse. Phänomenologisch-anthropologische Analysen und Impulse der Reggiopädagogik. Inaugural-Dissertation zur Erlangung der Doktorwürde der Philosophischen Fakultät III der Julius-Maximilians-Universität zu Würzburg. Würzburg, 2000.

Tresch, Christiane: Lieberschönerguter Parzivâl. Adolf Muschgs neuer Roman «Der Rote Ritter». In: Wochenzeitung Zürich, Nr. 12, 26.3.1993.

Vogel, Ursula: Vom tumben Toren zum Familienvater. Literaturwissenschaftler und Romancier: Adolf Muschg erzählt die Geschichte von *Parzivâl* nach. In: Der Tagesspiegel, 12.9.1993.

Vogl, Walter: Der Dichter in der roten Ritterrüstung. In: Die Presse, 17.7.1993.

Voris, Renate: Adolf Muschg. Autorenbücher. Verlag C. H. Beck, München, 1984.

Wagemann, Anke: Wolframs von Eschenbach „Parzival" im 20. Jahrhundert. Untersuchungen zu Wandel und Funktion in Literatur, Theater und Film. Kümmerle Verlag, Göppingen, 1998.

Wapnewski, Peter: Ein Parzival der Zeitenwende. In: Der Spiegel, Nr. 17, 26.4.1993, S. 234-239.

Wolfram von Eschenbach: Parzival. Text und Übersetzung. Mittelhochdeutscher Text nach der sechsten Ausgabe von Karl Lachmann. Übersetzung von Peter Knecht. 2. Auflage, Walter de Gruyter, Berlin, 2003

Wolfram von Eschenbach: Titurel. Text, Übersetzung, Stellenkommentar. Herausgegeben, übersetzt und mit einem Stellenkommentar sowie einer Einführung versehen von Helmut Brackert und Stephan Fuchs-Jolie. Walter de Gruyter, Berlin, 2003.

Worthmann, Joachim: Das Rätsel von Liebe und Schuld. Adolf Muschg erzählt Wolframs „Parzivâl" neu. In: Stuttgarter Zeitung, Nr. 65, 19.3.1993.

Wunderlich, Werner: Von Gralssuchern und unserer Zeit. Adolf Muschg erzählt eine Geschichte von Parzival: «Der Rote Ritter». St. Galler Tagblatt, 17.3.1993.

Weitere Hilfsmittel:

Böhm, Winfried: Wörterbuch der Pädagogik. Begründet von Wilhelm Hehlmann. 15., überarbeitete Auflage, Kröner Verlag, Stuttgart, 2000.

Metzler Lexikon: Literatur des Mittelalters. Band 1 und 2. Zusammenstellung der Artikel und Redaktion: Charlotte Bretscher-Gisiger. Verlag J. B. Metzler, Stuttgart, 2002.

Gestalten des Mittelalters. Ein Lexikon historischer und literarischer Personen. Hg. von Horst Brunner und Mathias Herweg. Alfred Kröner Verlag, Stuttgart, 2007.

DUDEN 7. Das Herkunftswörterbuch. Etymologie der deutschen Sprache. Dudenverlag Mannheim, 2001.

Pädagogische Grundbegriffe. Band 1. Aggression bis Interdisziplinarität. Hg. von Dieter Lenzen. Rowohlt Taschenbuch Verlag, Hamburg, 1989.

Lexer, Matthias: Mittelhochdeutsches Handwörterbuch. Dritter Band, V/F-Z. Nachdruck der Ausgabe Leipzig 1872-1878. Verlag S. Hirzel, Stuttgart, 1992.

Reallexikon der deutschen Literaturwissenschaft. Neubearbeitung des Reallexikons der deutschen Literaturgeschichte. Hg. von Jan-Dirk Müller. Walter de Gruyter Verlag, Berlin, 2007.

Metzler Lexikon: Literatur- und Kulturtheorie. Hg. von Ansgar Nünning. Dritte, aktualisierte und erweiterte Auflage, Verlag J. B. Metzler, Stuttgart, 2004.

Zeitfracht Medien GmbH
Ferdinand-Jühlke-Straße 7
99095 Erfurt, Deutschland
produktsicherheit@kolibri360.de